Langenscheidt

Wie heißt das?

Deutsch als Fremdsprache

Die 1.000 ersten deutschen Wörter schreiben und lernen

Langenscheidt

Langenscheidt
Wie heißt das?
Deutsch als Fremdsprache

Die 1.000 ersten deutschen Wörter
schreiben und lernen

Dieses Werk ist inhaltlich nahezu identisch mit ISBN 978-3-12-563223-3.

Bildquellenhinweis:
Coverfoto: PONS Langenscheidt GmbH, Anne Pixaras, Stuttgart;
Euro-Münzen, Seite 34/35: Adobe Stock/janvier;
Euro-Geldscheine, Seite 35/36: Europäische Zentralbank, Frankfurt/Main;
Landkarten, Seite 167–172: Bildungshaus Schulbuchverlage Westermann Schroedel Diesterweg Schöningh Winklers GmbH, Braunschweig

2. Auflage 2025

www.langenscheidt.com

Projektleitung: Evelyn Glose
Illustrationen: Katrin Merle
Redaktionelle Mitarbeit: Patricia de Crignis, Lena Kallsen
Innenlayout: Anja Dengler, Werkstatt München GbR
Satz: Franzis print & media GmbH, München
Druck und Bindung: Multiprint Ltd., Kostinbrod

ISBN 978-3-12-563603-3

Inhalt

die Erstaufnahme

die Unterkunft

das Einzelzimmer

das Doppelzimmer

das Zweibettzimmer

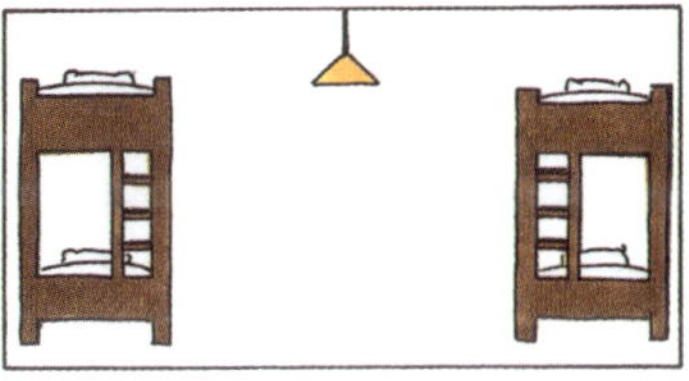

das Mehrbettzimmer

das Kopfkissen

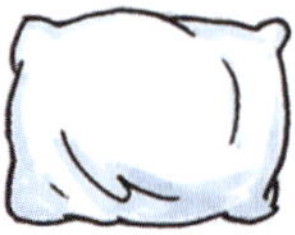

die Bettdecke

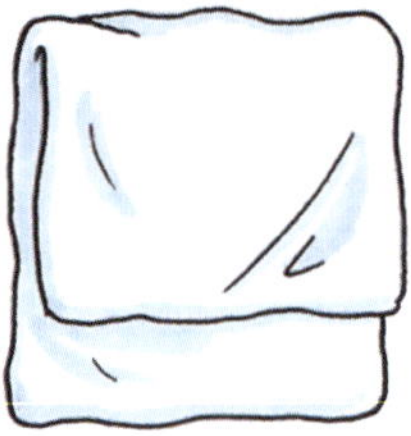

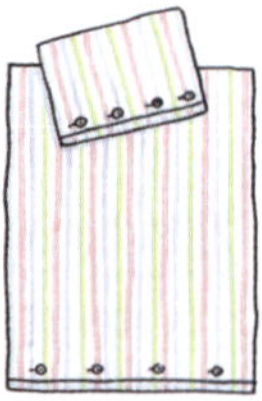

der Bettbezug

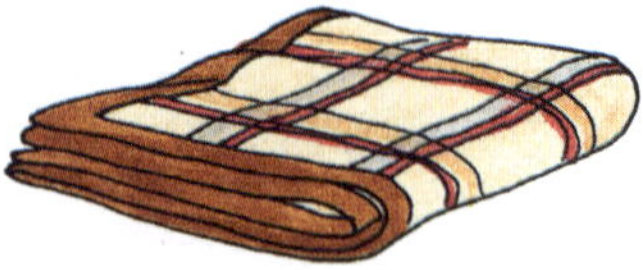

die Decke

der Nachbar

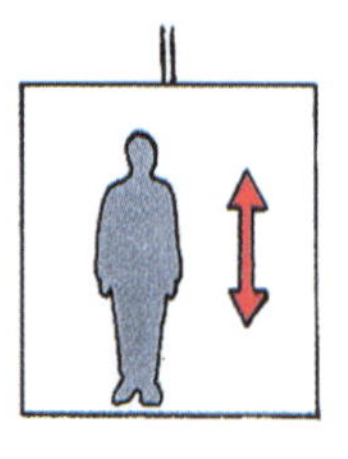

der Aufzug

die Bewohner-
versammlung

der Hausmeister

kaputt

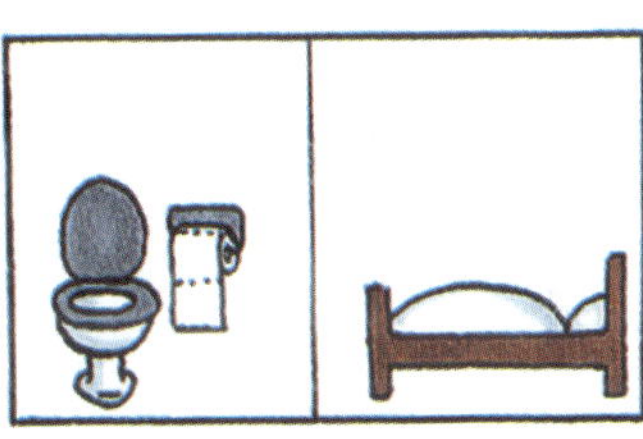

das Zimmer mit Bad

die Badewanne

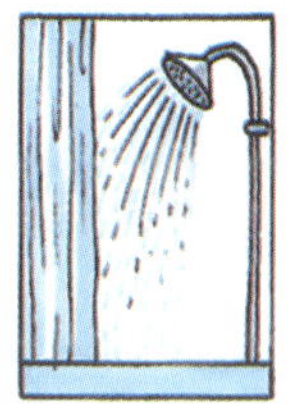

die Dusche

das Waschbecken

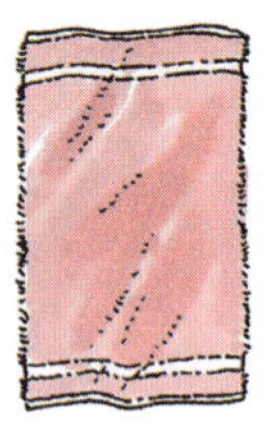

das Handtuch

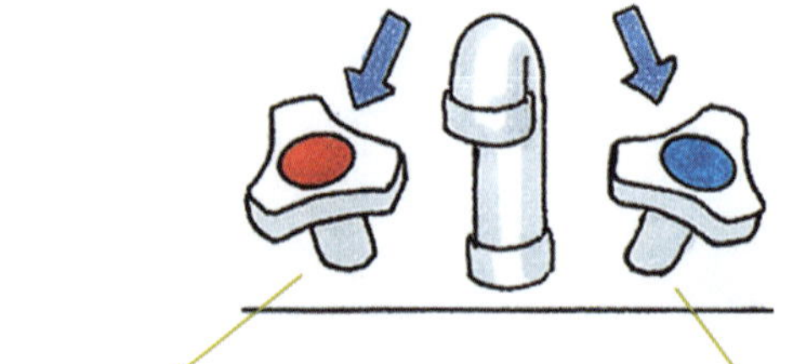

das warme Wasser

das kalte Wasser

das Trinkwasser

kein Trinkwasser

der Balkon

die Toilette

die Damentoilette

die Herrentoilette

rauchen

nicht rauchen

1 Wohnen

der Schlüssel

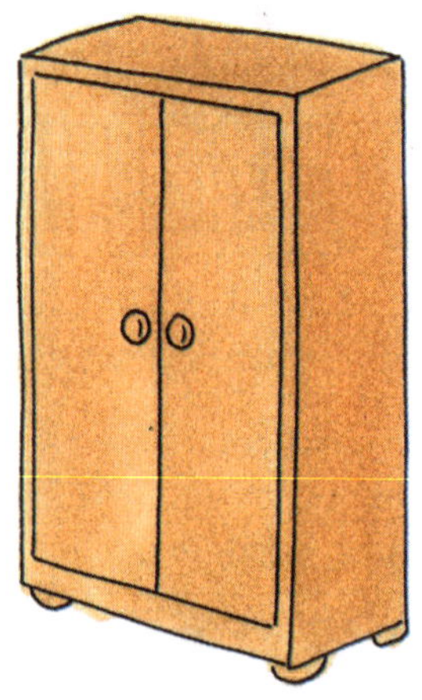

der Schrank

das WLAN

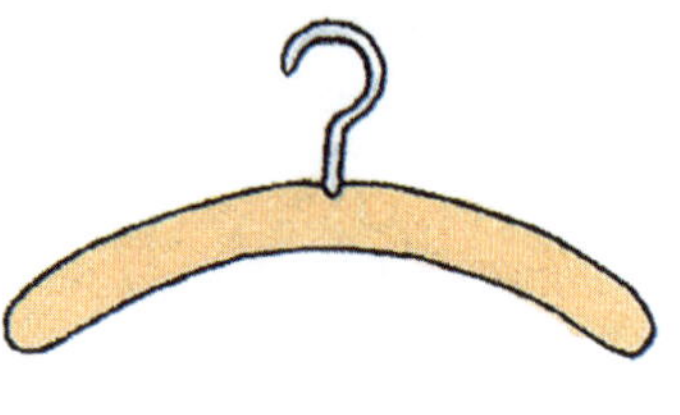

der Kleiderbügel

das Sofa

der Sessel

der Teppich

die Blume

die Vase

das Bild

der Bilderrahmen

die Lampe

die Glühbirne

der Fernseher

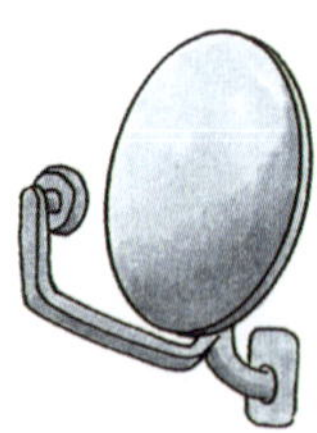

die Satellitenschüssel

die Steckdose

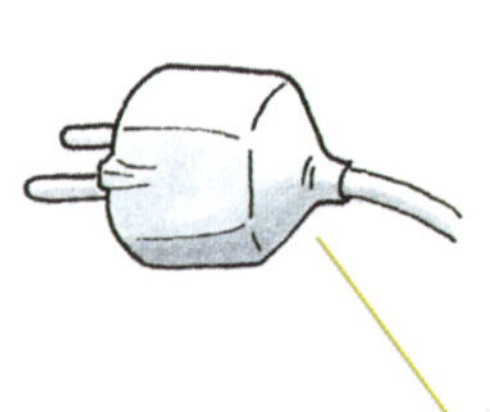

der Stecker

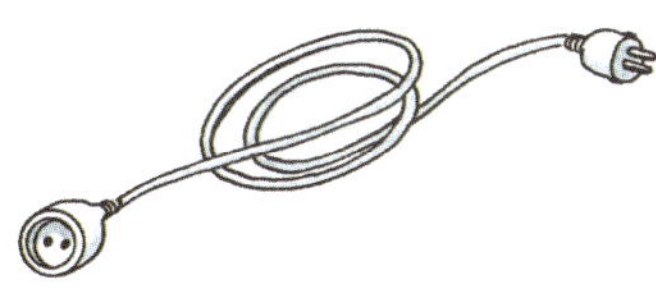

das Verlängerungskabel

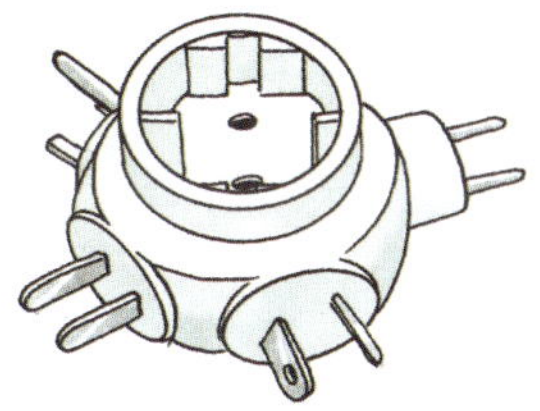

der Mehrfachstecker

der Kühlschrank

der Herd

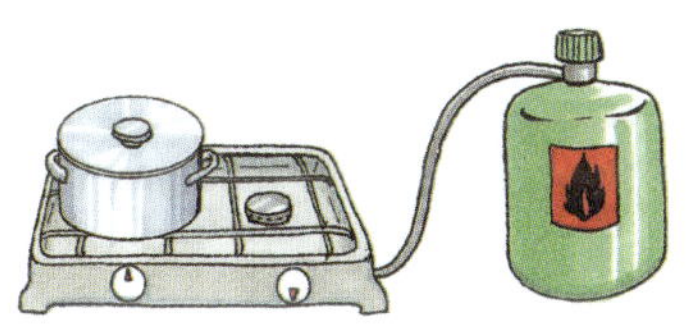

der Gaskocher

der Grill

der Wickeltisch

die Waschmaschine

der Wäscheständer

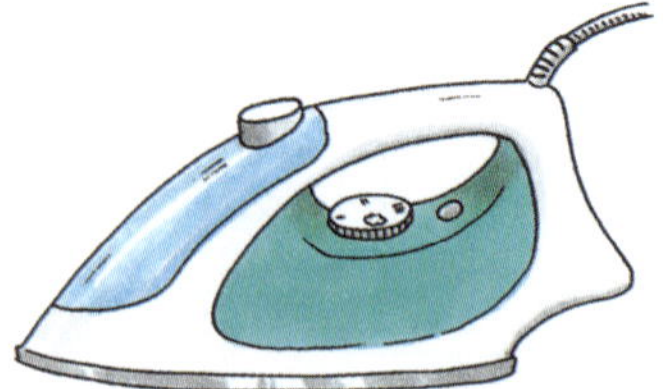

das Bügeleisen

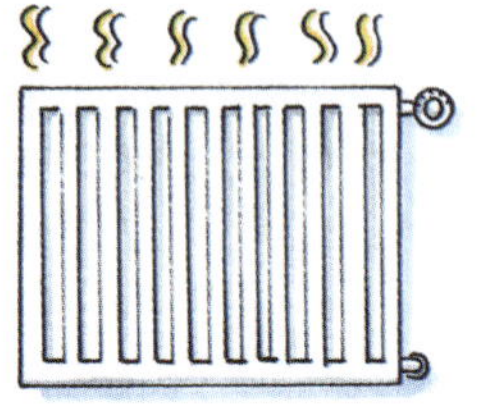

die Heizung

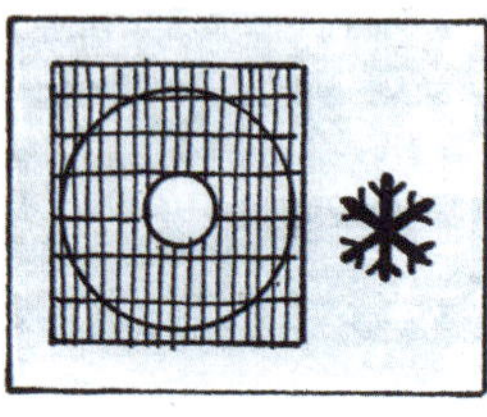

die Klimaanlage

der Ventilator

der Mülleimer

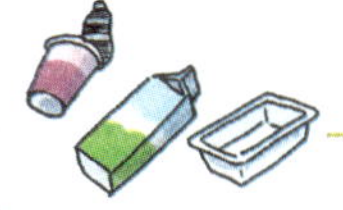

die Verpackung

die gelbe Tonne

der Biomüll

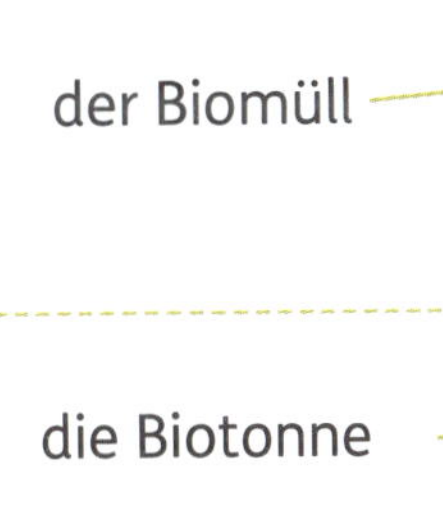

die Biotonne

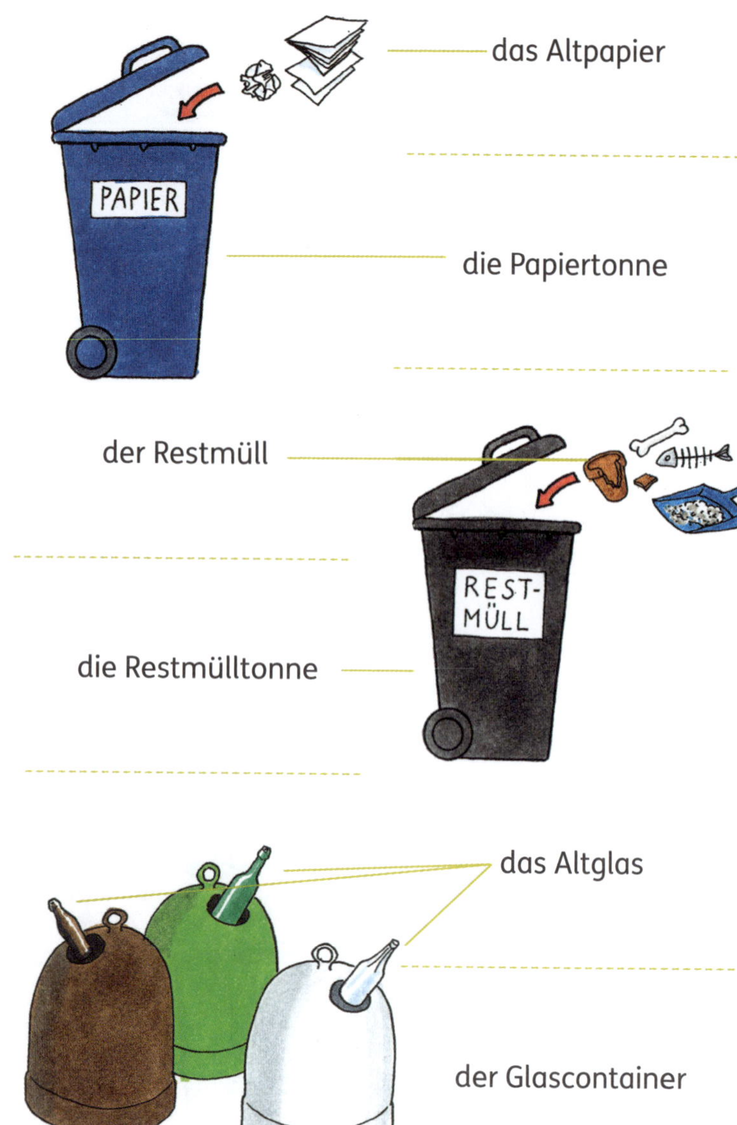
das Altpapier
PAPIER
die Papiertonne
der Restmüll
REST-
MÜLL
die Restmülltonne
das Altglas
der Glascontainer

das Flugzeug

der Check-in-Schalter

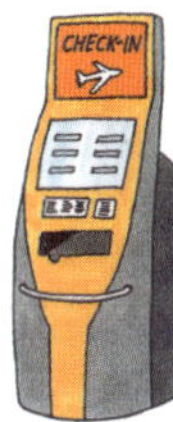

der Check-in-Automat

das Flugticket

die Bordkarte

der Reisepass

der Koffer

der Rucksack

der Zug

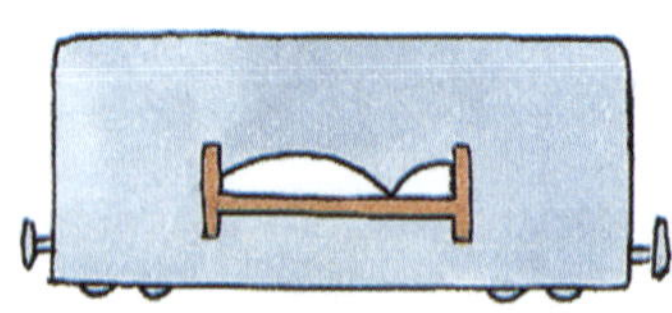

der Schlafwagen

der Fahrkartenschalter

die Fahrkarte

die Information

der Informationsschalter

das Schiff

die Fähre

die Barkasse

der Bus

die U-Bahn

die S-Bahn

die Straßenbahn

das Taxi

das Auto

der Reifen

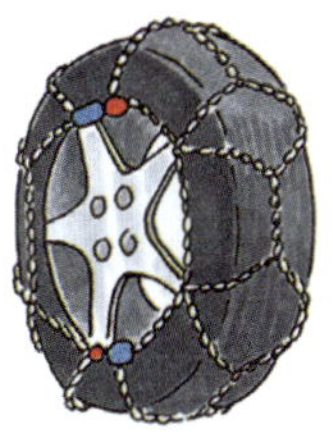

die Schneeketten

der Autoschlüssel

der Airbag

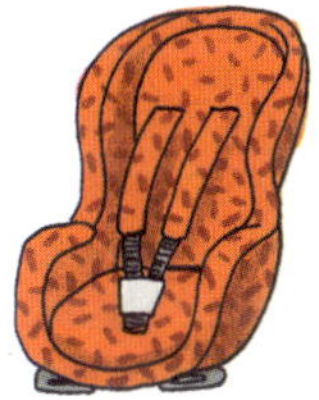

der Kindersitz

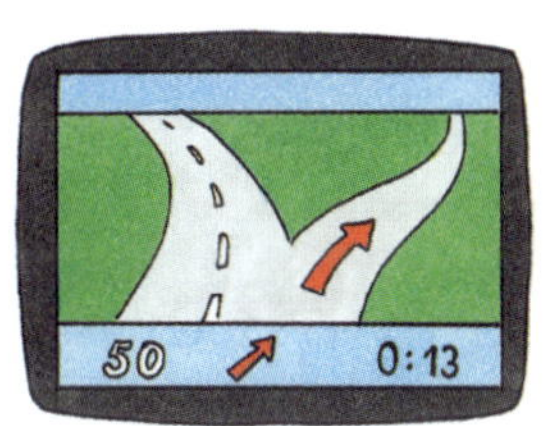

das Navi(gationsgerät)

die Tankstelle

der Parkplatz

der Parkscheinautomat

das Motorrad

der Motorroller

der Helm

der Führerschein

das Fahrrad

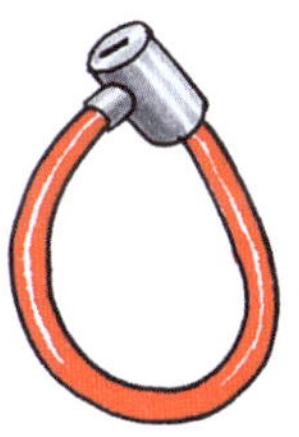

das Fahrradschloss

die Luftpumpe

der Fahrradkorb

der Fahrradsitz

der Kinderwagen

der Regenschirm

die Handtasche

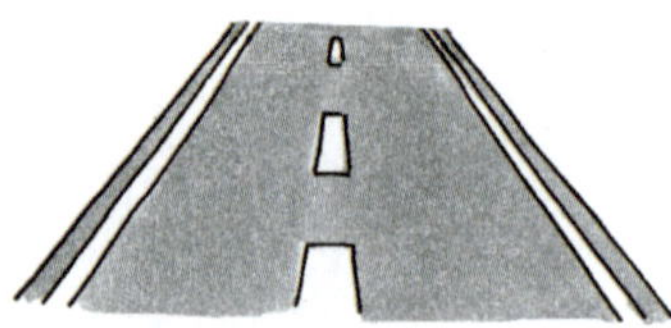

die Straße

der Weg

die Brücke

der Kreisverkehr

der Fahrradfahrer

der Fußgänger

die Fußgängerin

der Fahrradweg

der Gehweg

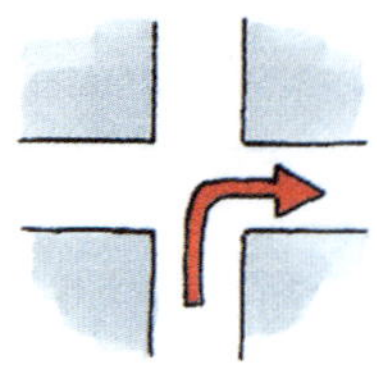

rechts abbiegen

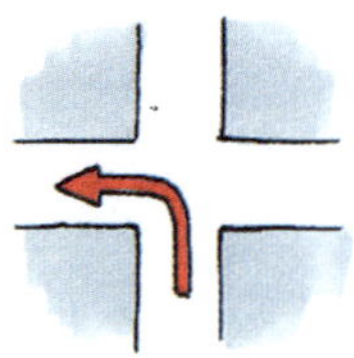

links abbiegen

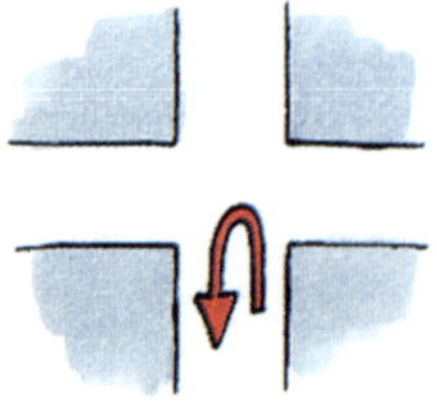

wenden

geradeaus

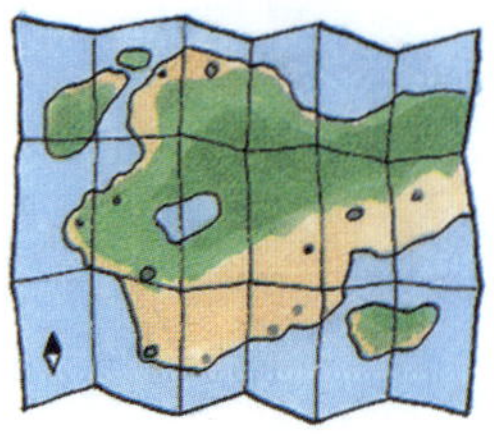

die Landkarte

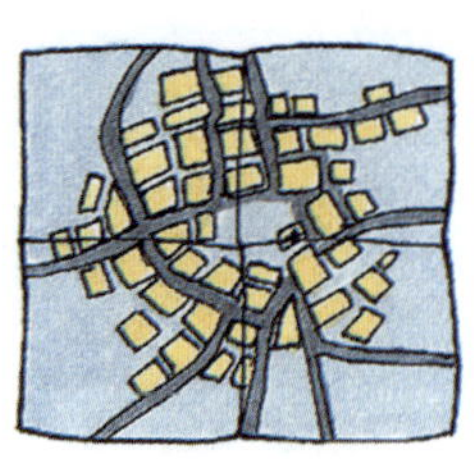

der Stadtplan

lieben

verheiratet

lesbisch

schwul

groß/klein

dick/schlank

3 Familie und Freunde

der Großvater

die Großmutter

die Großeltern

der Onkel

die Tante

die Mutter

der Cousin

die Schwester

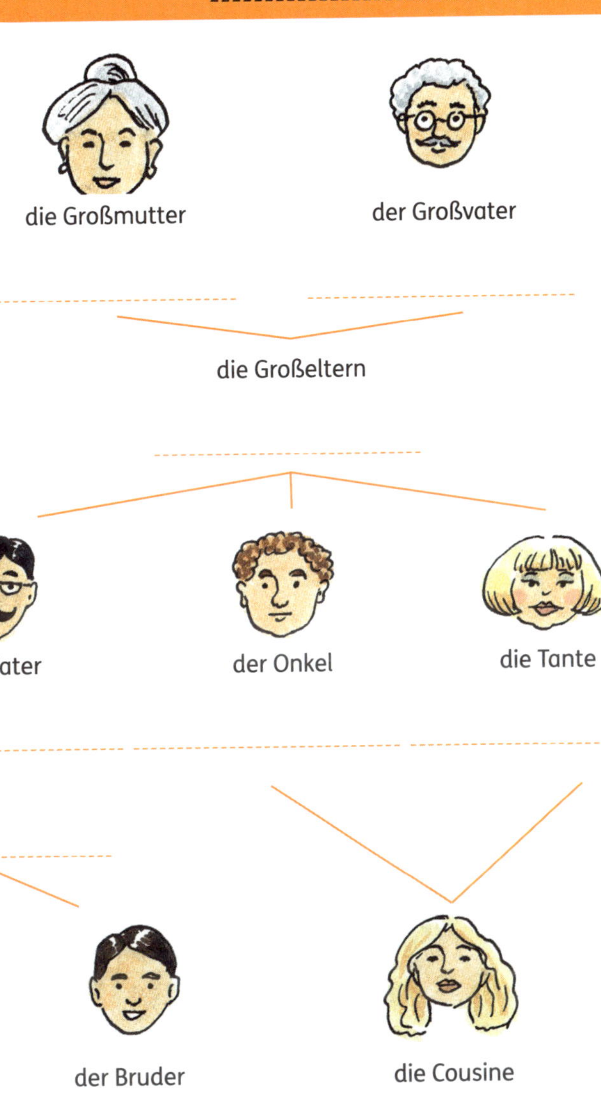
die Großmutter
der Großvater
die Großeltern
der Vater
der Onkel
die Tante
die Eltern
ich
der Bruder
die Cousine
die Geschwister

blind

taub

stumm

sich begrüßen

sich umarmen

teilen

schenken

tauschen

ja

nein

fröhlich

traurig

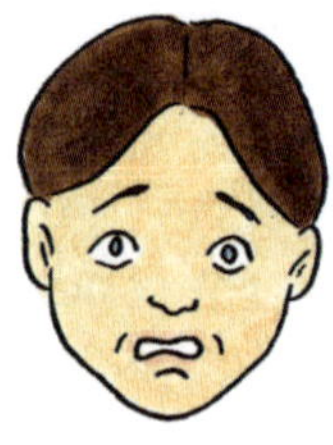

ängstlich

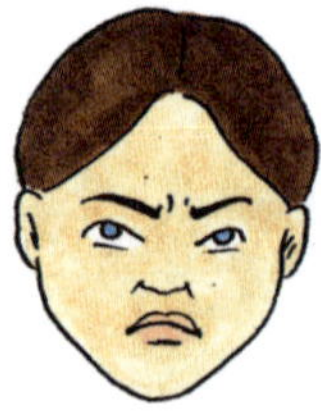

wütend

danke

die Bank

der Bankautomat

das Geld

die Kreditkarte

die Bankkarte

4 Geld und Einkaufen

ein Cent

zwei Cent

fünf Cent

zehn Cent

zwanzig Cent

fünfzig Cent

ein Euro

zwei Euro

fünf Euro

zehn Euro

zwanzig Euro

fünfzig Euro

hundert Euro

zweihundert Euro

fünfhundert Euro

der Geldbeutel

Was kostet ...?

kaufen

das Bekleidungsgeschäft

geschlossen

offen

der Supermarkt

der Einkaufswagen

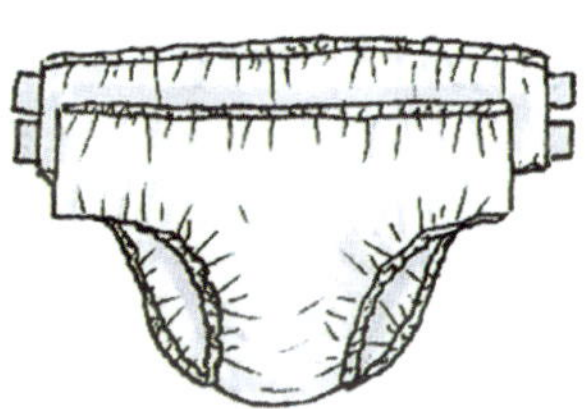

die Windel

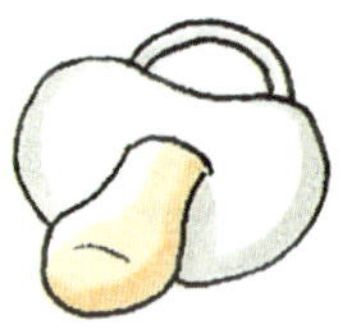

der Schnuller

die Babyflasche

die Bäckerei

der Obst- und Gemüseladen

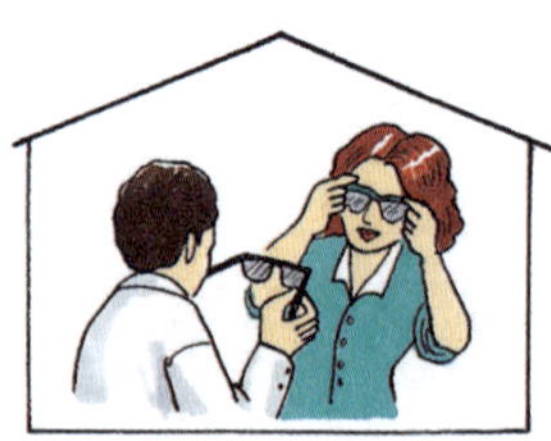

der Optiker

die Brille

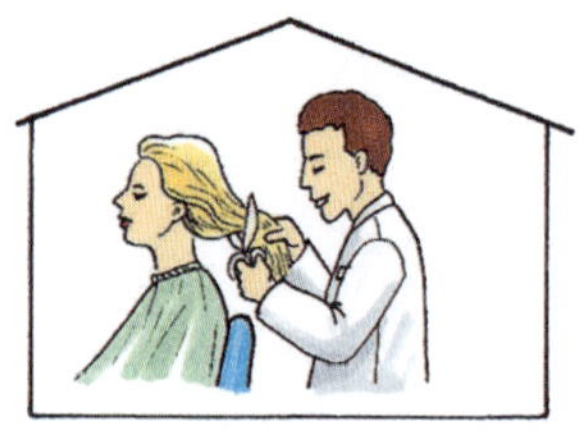

der Friseursalon

der Markt

die Buchhandlung

die Metzgerei

der Getränkemarkt

das Juweliergeschäft

die Halskette

der Armreif

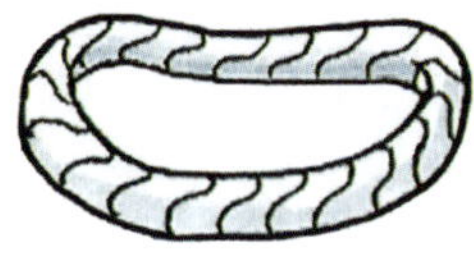

das Armband

die Uhr

die Ohrringe

der Ring

der Waschsalon

das Spielwarengeschäft

das Kuscheltier

die Puppe

das Spielzeugauto

der Flohmarkt

Hunger haben

Durst haben

das Frühstück

das Müsli

die Cornflakes

die Milch

die Sojamilch

der Joghurt

das Brötchen

die Brezel

das Toastbrot

der Bagel

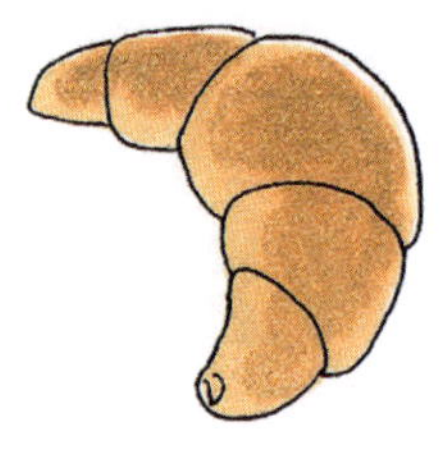

das Croissant

der Pancake

die Butter

der Käse

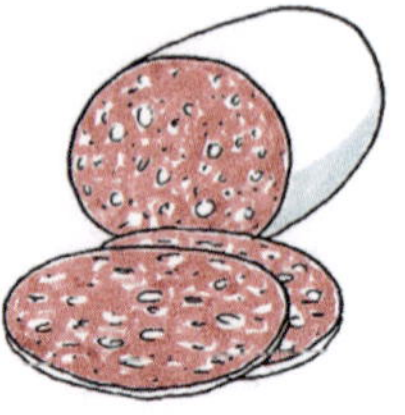

die Salami

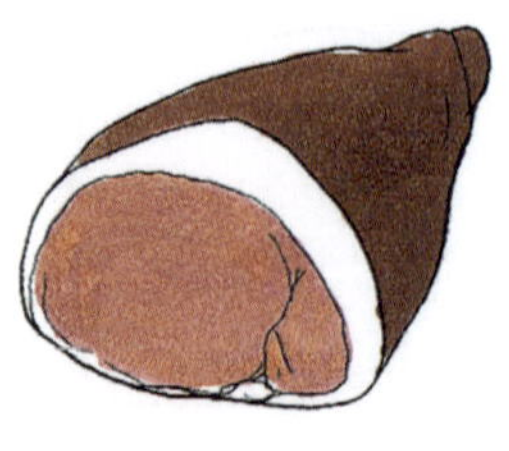

der Schinken

der Honig

die Marmelade

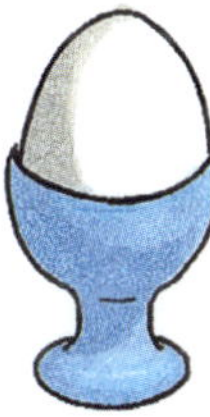

das Ei

das Spiegelei

das Rührei

das Omelett

das Mittagessen

das Abendessen

das Weißbrot

das Vollkornbrot

das Knäckebrot

das Fladenbrot

die Pita

das Naan

die Folienkartoffel

die Bratkartoffeln

die Pommes

die Spaghetti

die Spiralnudeln

die Tortellini

der Reis

der Grieß

der Couscous

die Falafel

die Suppe

der Salat

die Mezze

das Sandwich

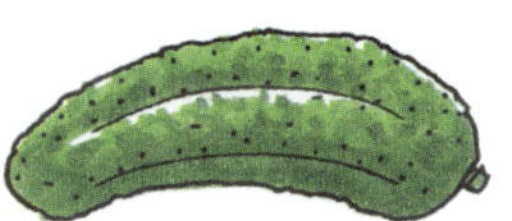

die Gewürzgurke

der Burger

der Döner

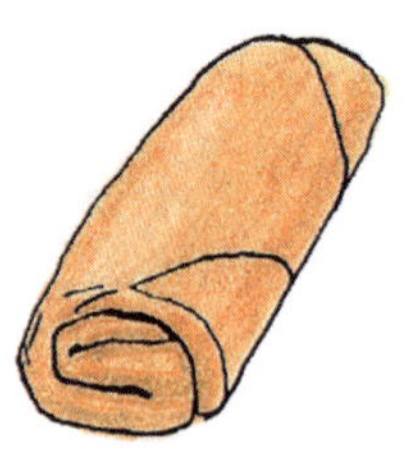

der Wrap

die Pizza

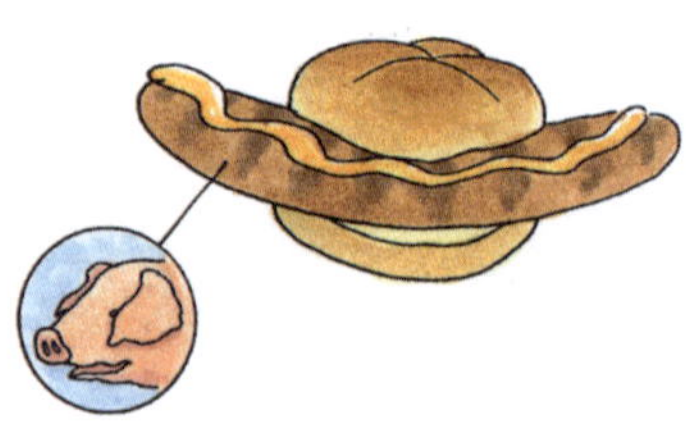

die Bratwurst

der Fleischspieß

der Tofu

die Köfte

das Sushi

viel/wenig

der Kuchen

die Sahne

das/die Baklava

5 Essen

der Keks

das Eis

der Pudding

die Schokolade

der Schokoriegel

das Bonbon

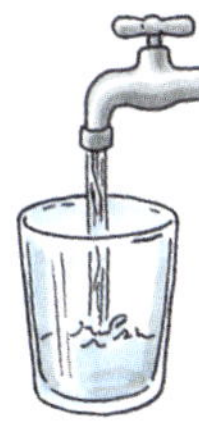

das Leitungswasser

das Mineralwasser

die Karaffe Wasser

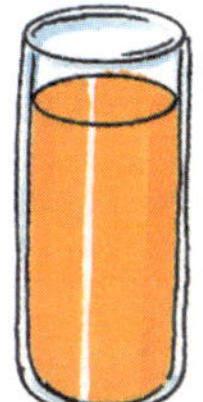

der Saft

die Cola

der Eiswürfel

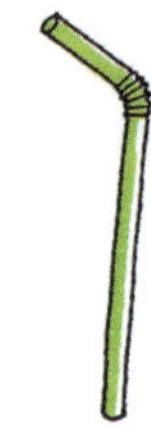

der Strohhalm

die Tasse Kaffee

der Espresso

der Tee

der grüne Tee

der schwarze Tee

der Teebeutel

der Zucker

die Milch

der Kakao

das helle Bier

das dunkle Bier

der Weißwein

der Rosé

der Rotwein

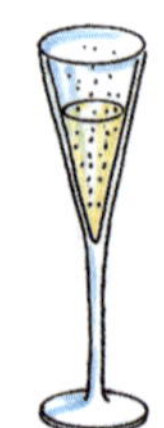

der Sekt

der Schnaps

der Cocktail

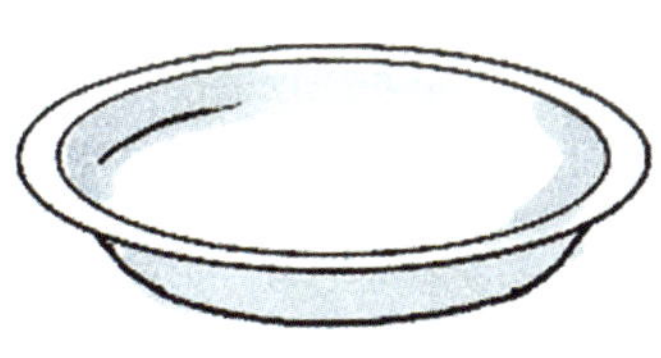

der Teller

die Schüssel

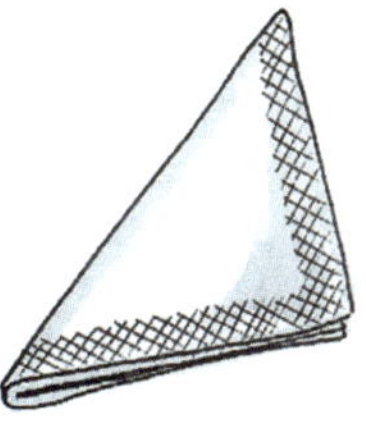

die Serviette

das Messer

die Gabel

der Löffel

7 Geschirr und Besteck

der Teelöffel

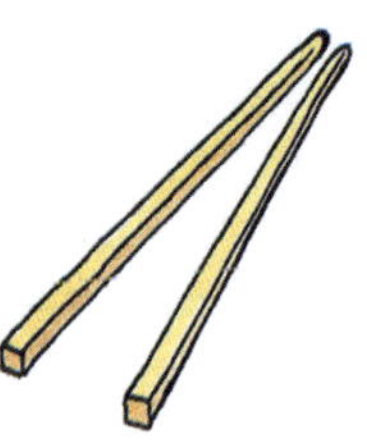

die Stäbchen

die Tasse

das Glas

das Weinglas

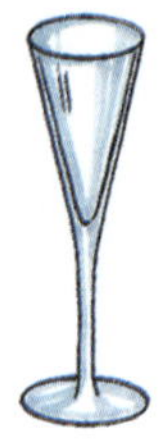

das Sektglas

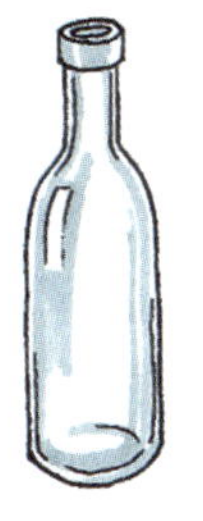

die Flasche

der Topf

der Kochlöffel

die Pfanne

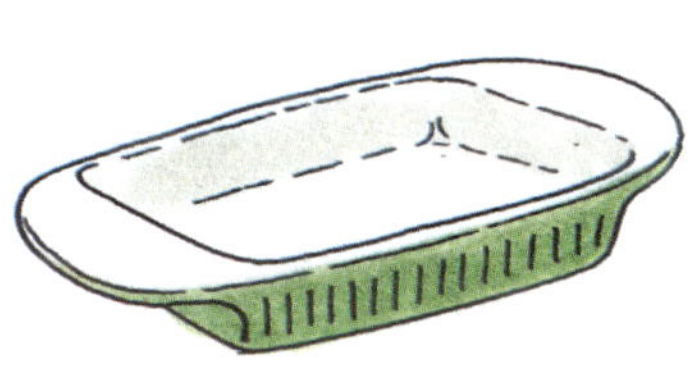

die Auflaufform

der Toaster

7 Geschirr und Besteck

die Rührschüssel

der Schneebesen

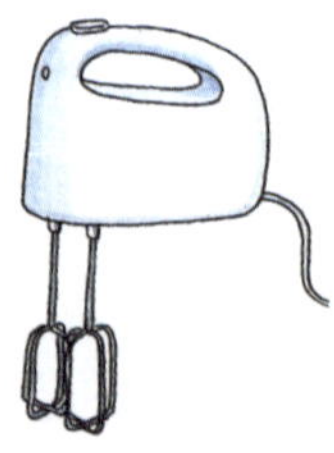

der Handmixer

das Sieb

das Backblech

das Salatbesteck

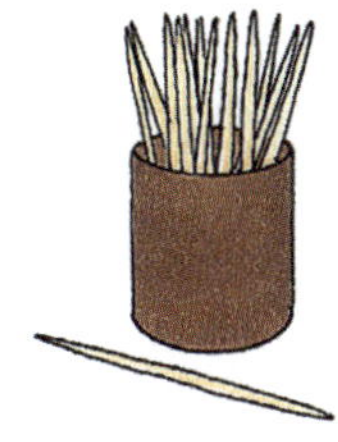

der Zahnstocher

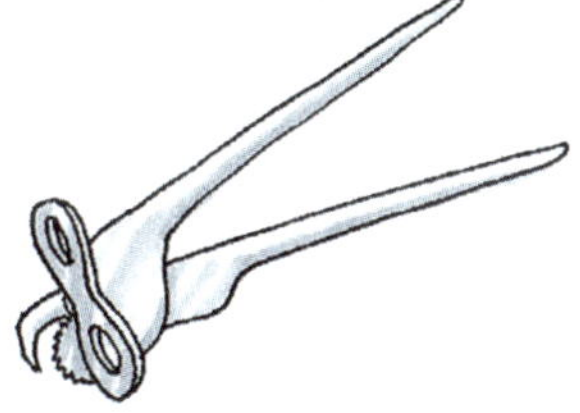

der Dosenöffner

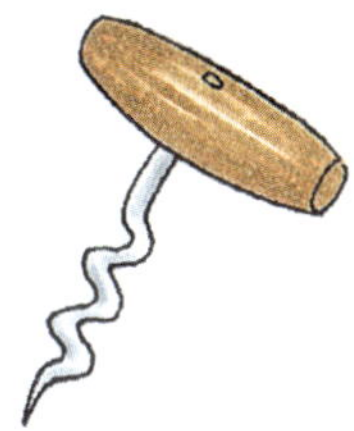

der Korkenzieher

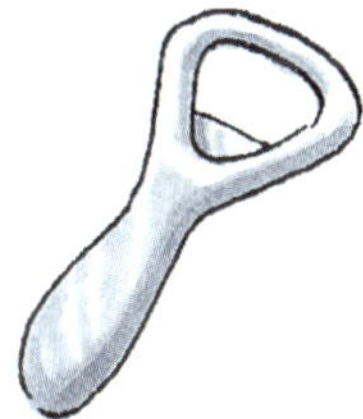

der Flaschenöffner

8 Kochen

kochen

braten

backen

grillen

das Öl

der Essig

das Salz

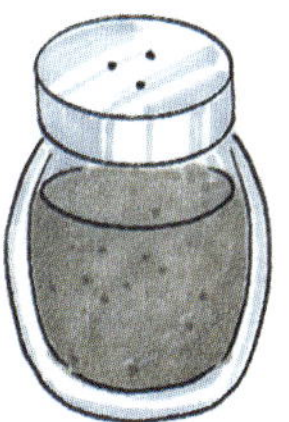

der Pfeffer

das Paprikapulver

das Chilipulver

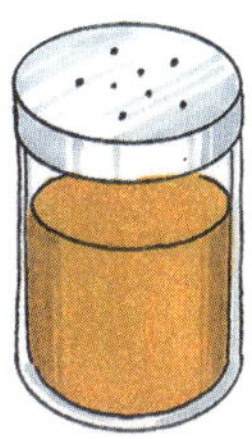

das Currypulver

die Sojasoße

das Ketchup

die Chilisoße

das Ajvar

der Apfel

die Birne

die Banane

die Kirsche

die Erdbeere

die Pflaume

der Pfirsich

die Aprikose

die Trauben

die Zitrone

die Limette

die Orange

die Grapefruit

die Wassermelone

die Honigmelone

die Mango

die Kiwi

der Granatapfel

die Ananas

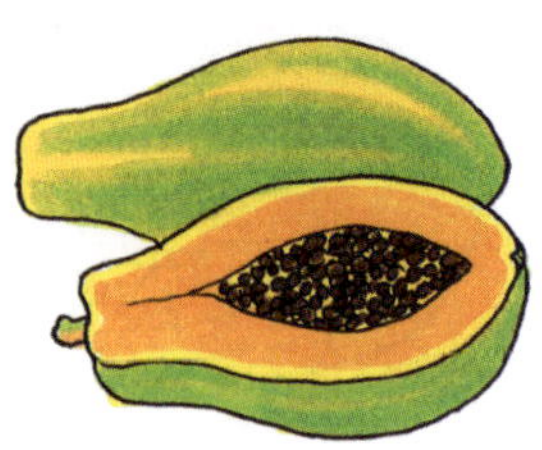

die Papaya

die Kokosnuss

die Passionsfrucht

die Mangostan

die Drachenfrucht

die Sternfrucht

die Feige

die Datteln

die Haselnüsse

die Walnüsse

die Mandeln

die Erdnüsse

die Cashewnüsse

die Pistazien

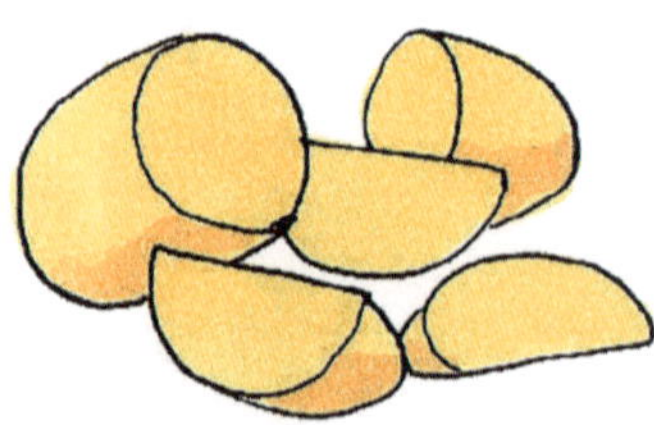

die Kartoffel

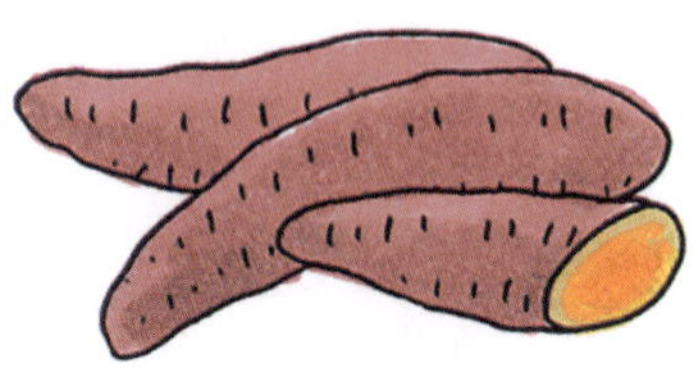

die Süßkartoffel

die Tomate

die Aubergine

der/die Paprika

die Spitzpaprika

die Peperoni

die Gurke

die Zucchini

9 Obst und Gemüse

der Kürbis

der Weißkohl

der Brokkoli

der Blumenkohl

der Chinakohl

die Karotte

der Rettich

das Radieschen

die Zwiebel

der Lauch

die Lauchzwiebel

der Knoblauch

9 Obst und Gemüse

der Fenchel

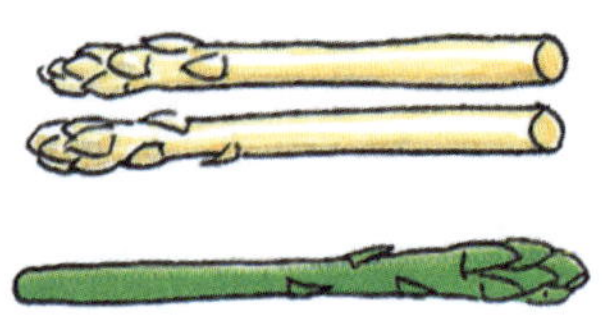

der Spargel

der Mais

die Avocado

die Artischocke

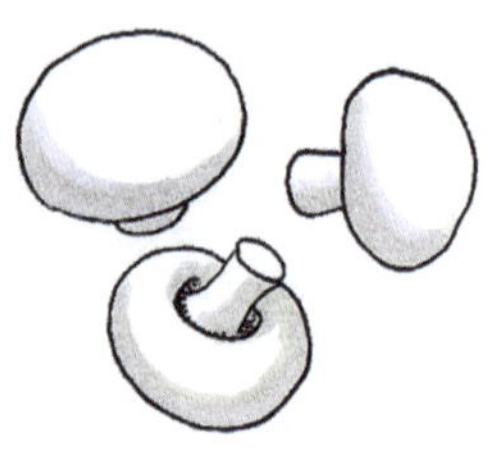

die Champignons

der giftige Pilz

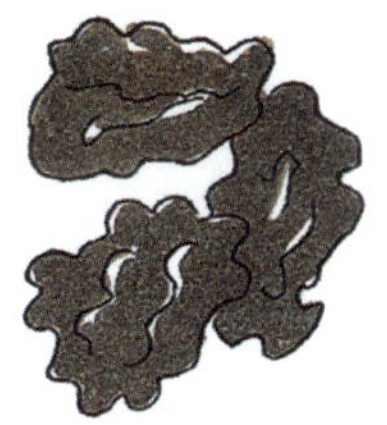

die Morcheln

die grünen Bohnen

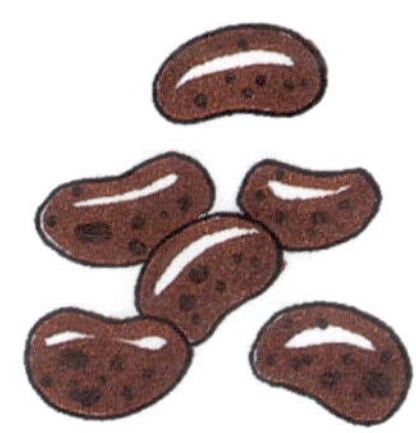

die Kidneybohnen

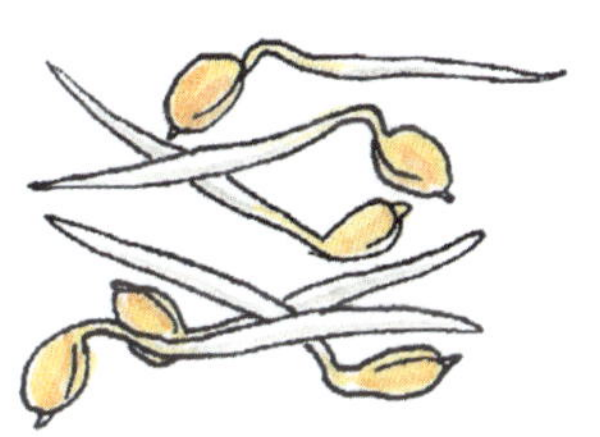

die Sojasprossen

die Kichererbsen

die Erbsen

die Linsen

die schwarzen Oliven

die grünen Oliven

der Ingwer

das Rind

das Kalb

das Schwein

der Hirsch

die Ziege

das Lamm

10 Fleisch

das Kaninchen

das Pferd

das Huhn

der Truthahn

die Gans

kein / nicht ...

der Fisch

die Sardinen

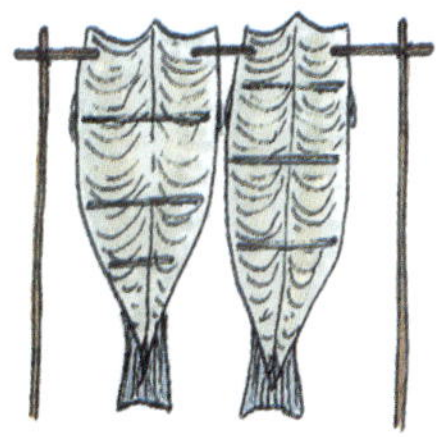

der getrocknete Fisch

der Dosenfisch

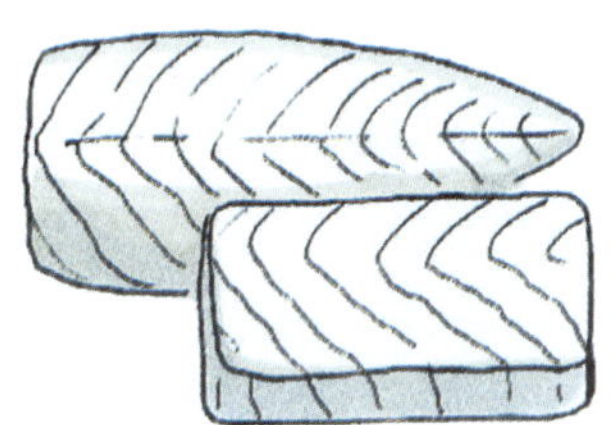

das Fischfilet

die Muscheln

10 Fleisch

der Krebs

die Garnele

der Tintenfisch

der Frosch

die Schnecke

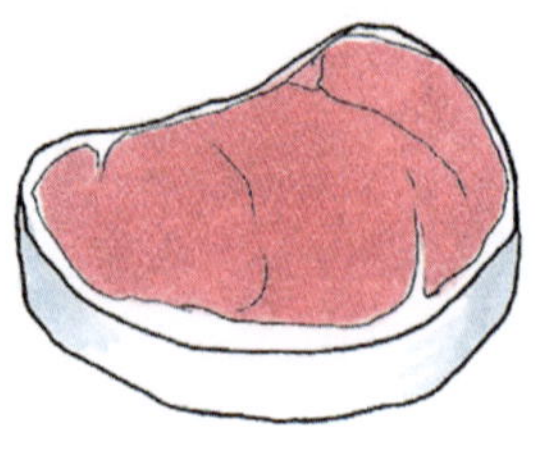

das Fleisch

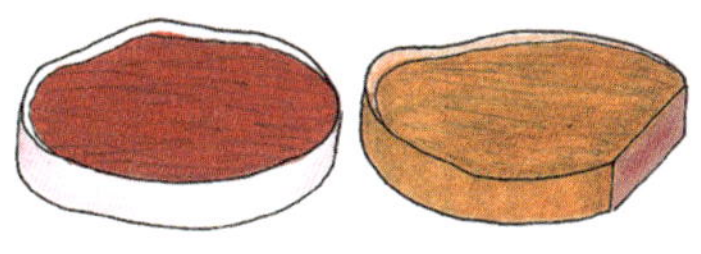

das Steak

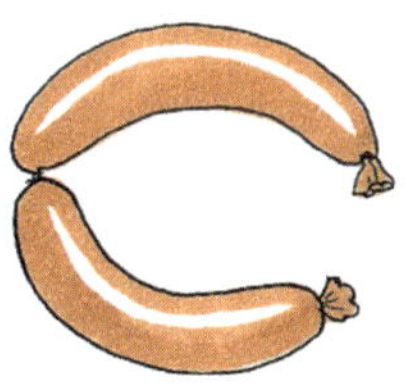

die Würstchen

das Brathähnchen

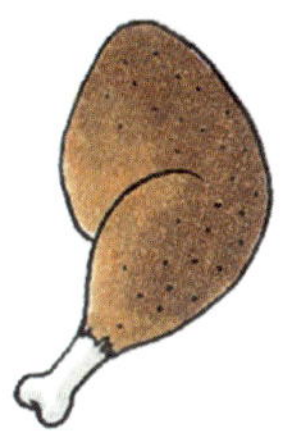

der Hähnchenschenkel

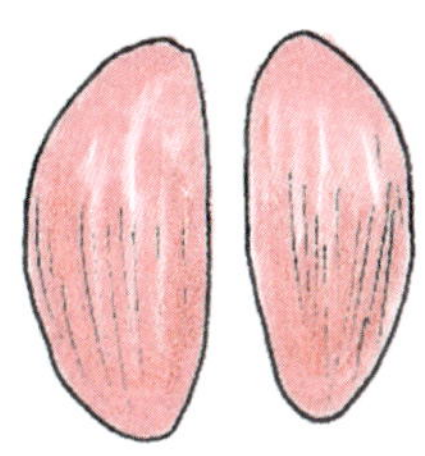

das Putenschnitzel

das Hackfleisch

die Innereien

die Nieren

das Hirn

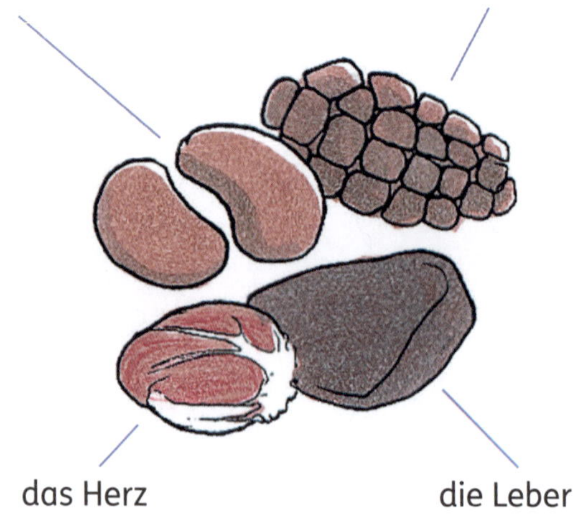

das Hemd

die Bluse

das T-Shirt

der Pullover

der Rock

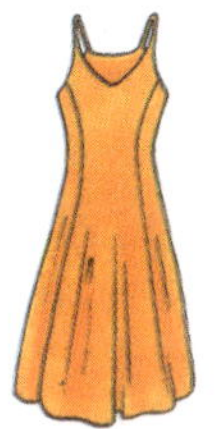

das Kleid

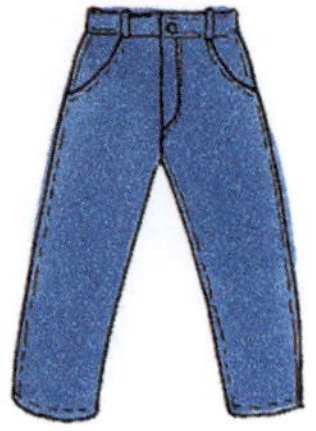

die Jeans

die kurze Hose

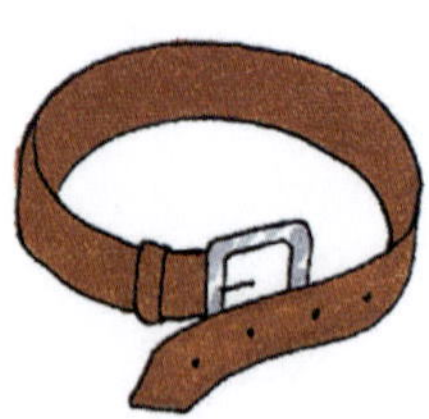

der Gürtel

der Anorak

die Regenjacke

die Jacke

das Jackett

die Krawatte

der Kimono

der Sarong

der Sari

der Poncho

11 Kleidung

die Mütze

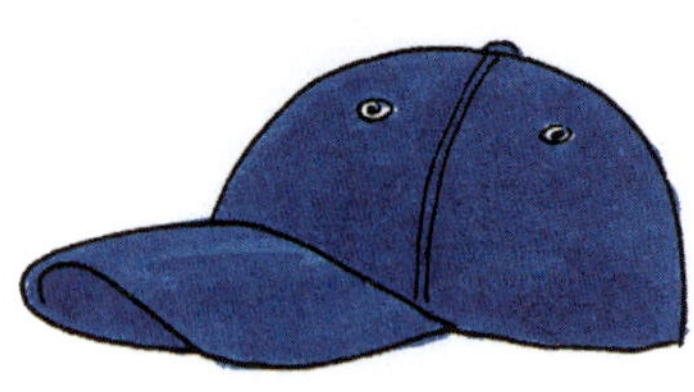

die Kappe

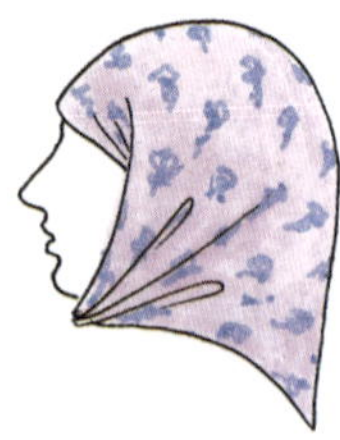

das Kopftuch

der Schal

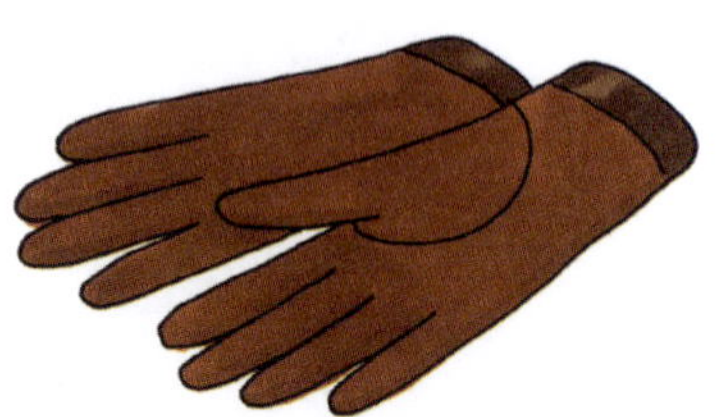

die Handschuhe

der Schlafanzug

die Socken

die Strumpfhose

die Unterhose

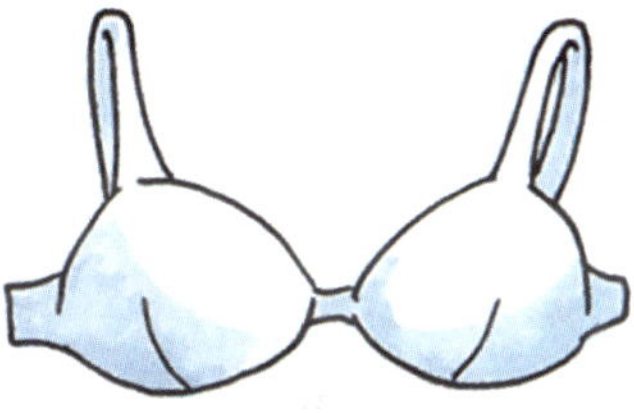

der BH

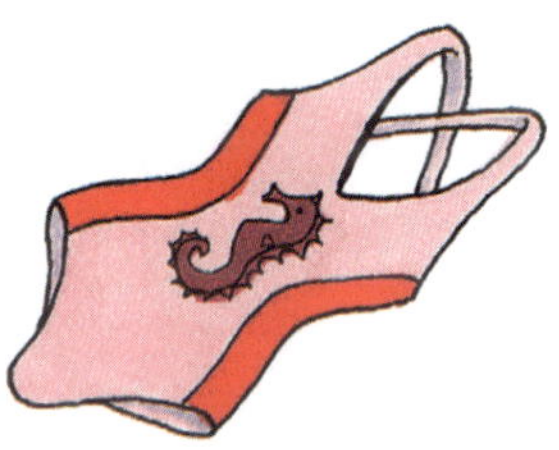

der Badeanzug

die Badehose

die Turnschuhe

die Schuhe

die Pumps

die Sandalen

die Flipflops

die Wanderschuhe

die Gummistiefel

die Stiefel

die Kleiderkammer

12 Farben und Muster

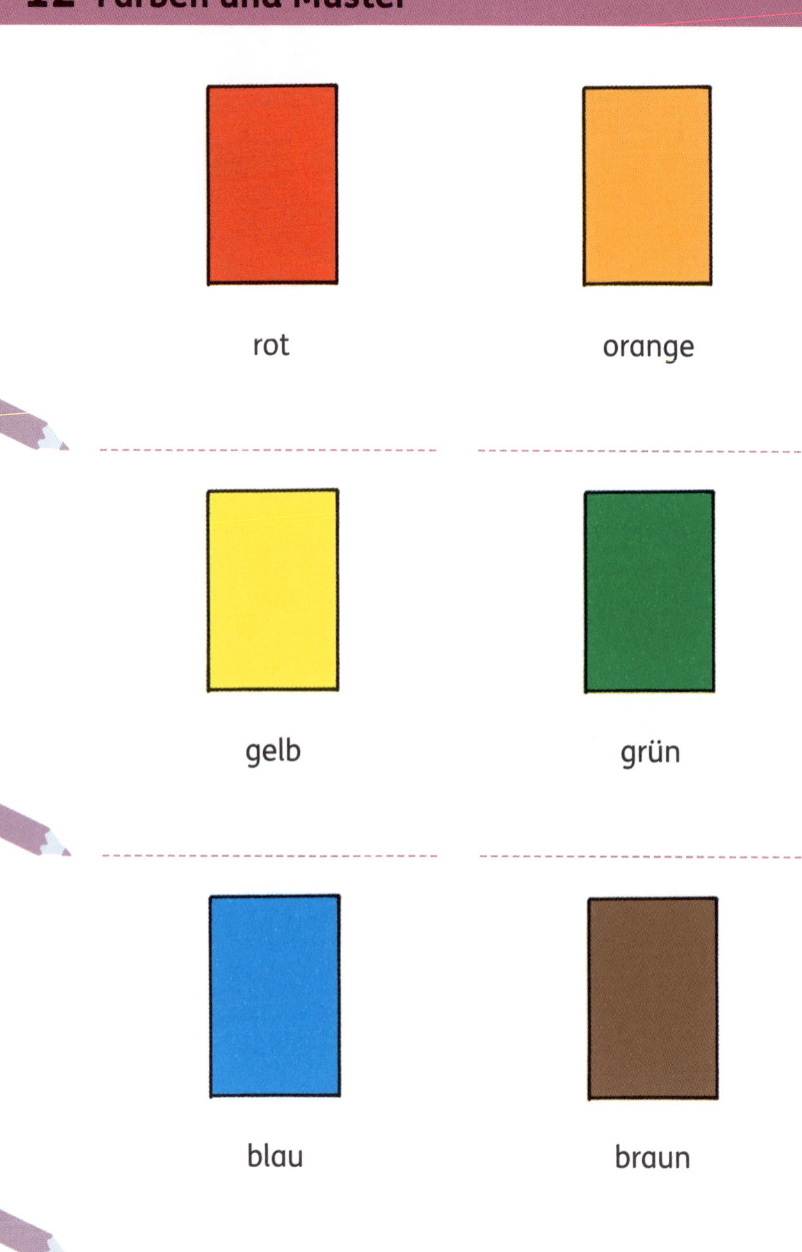

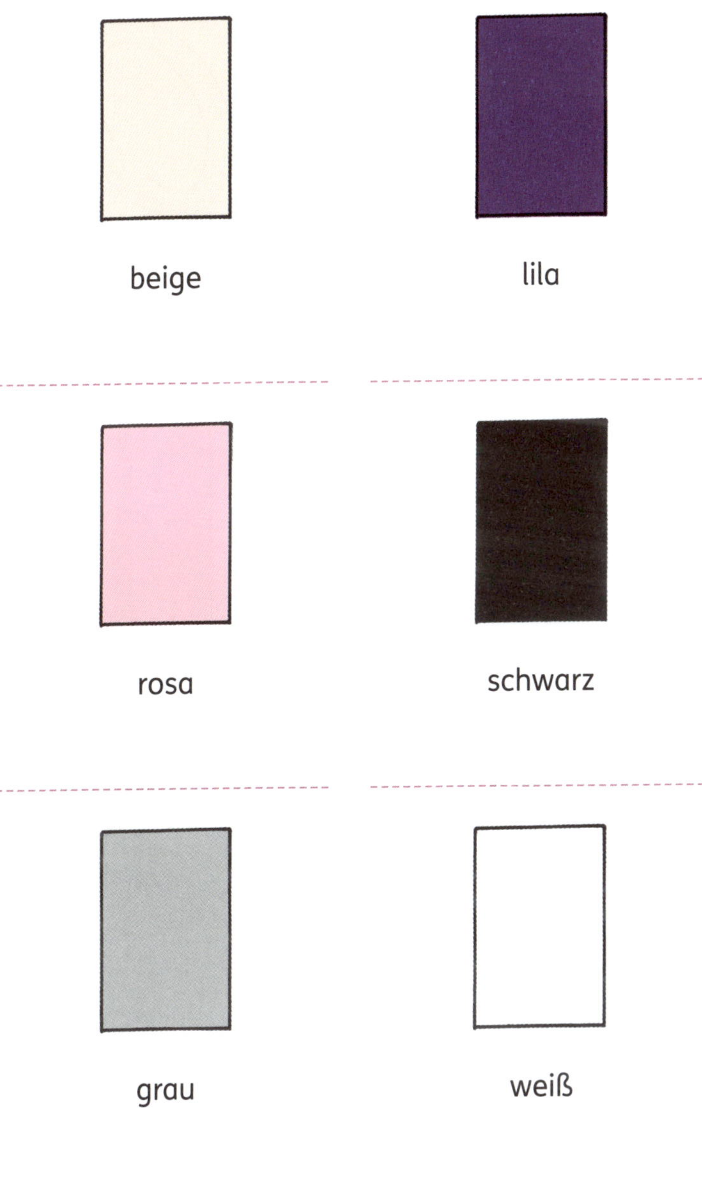

beige
lila
rosa
schwarz
grau
weiß

das Gold

das Silber

die Bronze

gestreift

kariert

gemustert

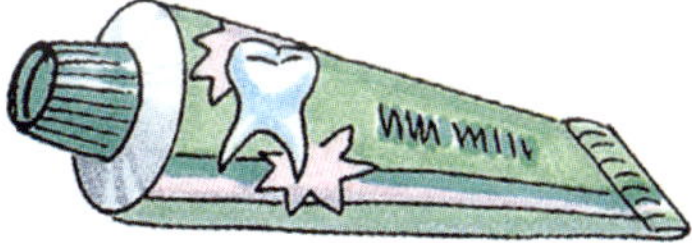

die Zahnbürste

die Zahnpasta

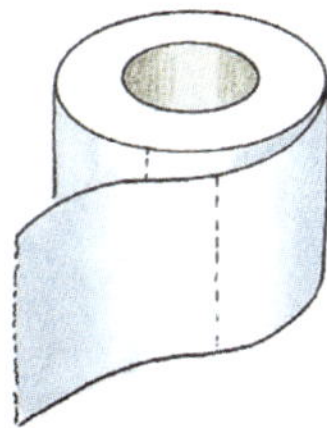

das Toilettenpapier

das Taschentuch

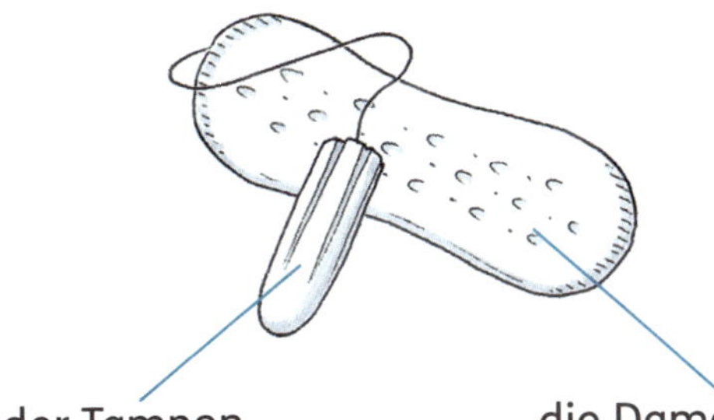

der Tampon

die Damenbinde

13 Körperpflege

die Seife

das Duschgel

das Shampoo

das Deo

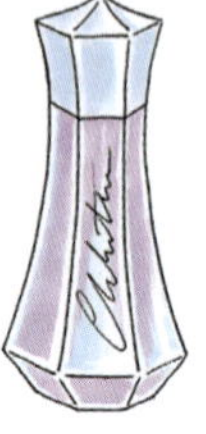

das Parfüm

die Creme

das Kondom

der Föhn

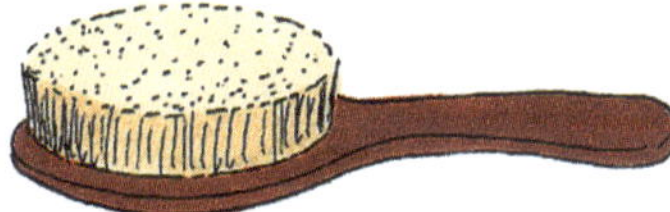

die Haarbürste

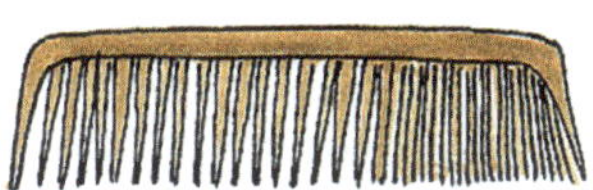

der Kamm

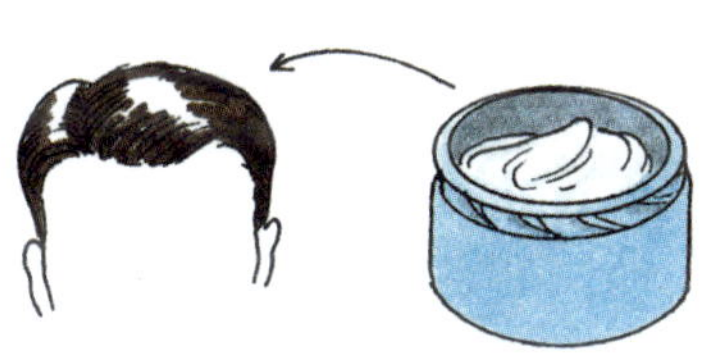

das Haargel

das Haarspray

der Rasierapparat

der Rasierpinsel

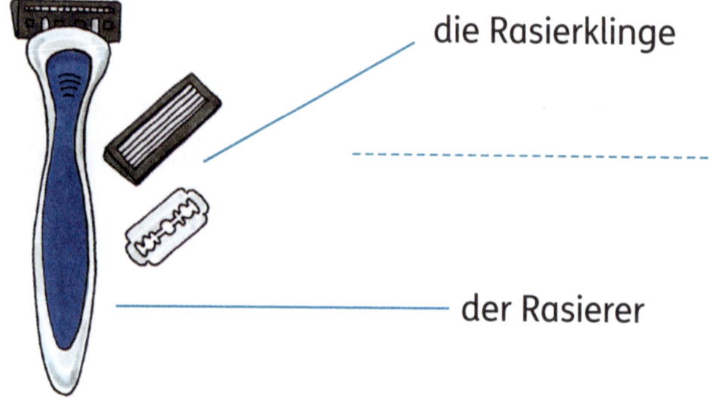

die Rasierklinge

der Rasierer

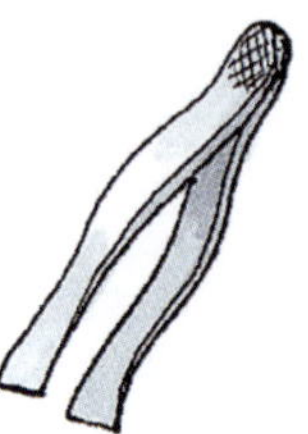

die Pinzette

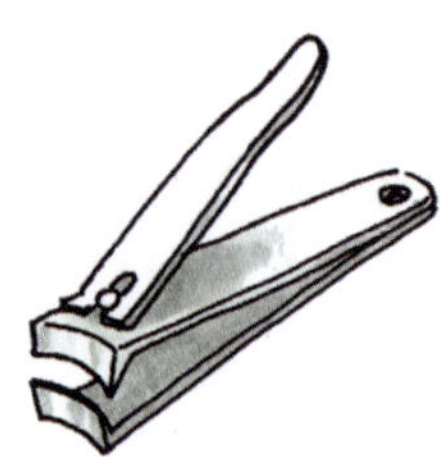

der Nagelknipser

die Nagelfeile

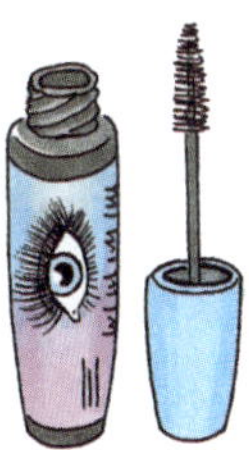

die Wimperntusche

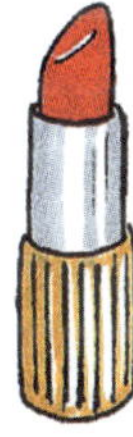

der Lippenstift

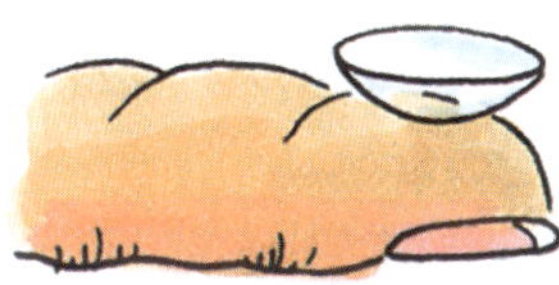

die Kontaktlinse

die Kontaktlinsenlösung

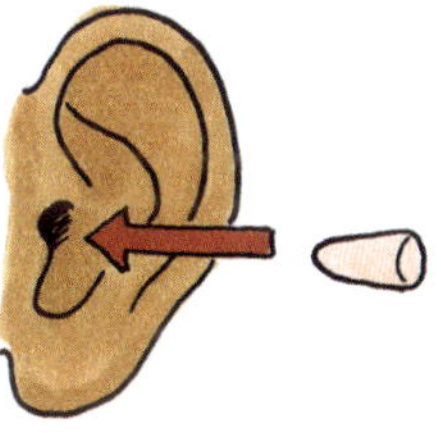

der Ohrstöpsel

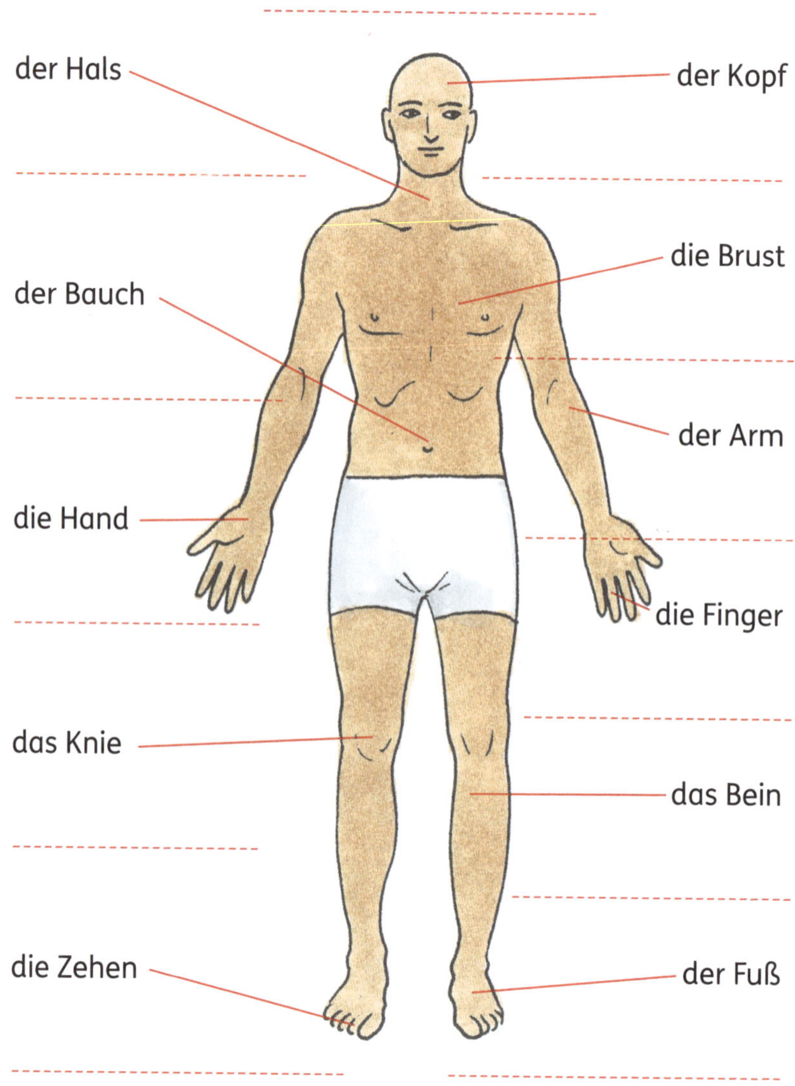
der Körper
der Hals
der Kopf
die Brust
der Bauch
der Arm
die Hand
die Finger
das Knie
das Bein
die Zehen
der Fuß

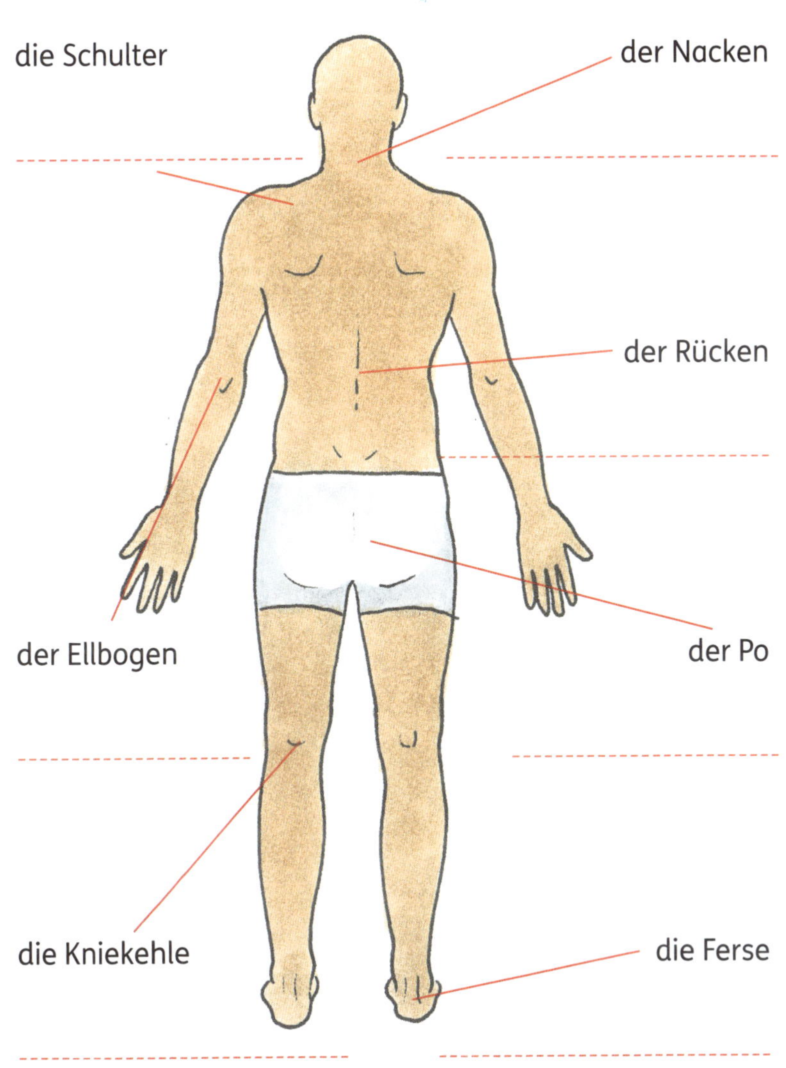
die Schulter
der Nacken
der Rücken
der Ellbogen
der Po
die Kniekehle
die Ferse

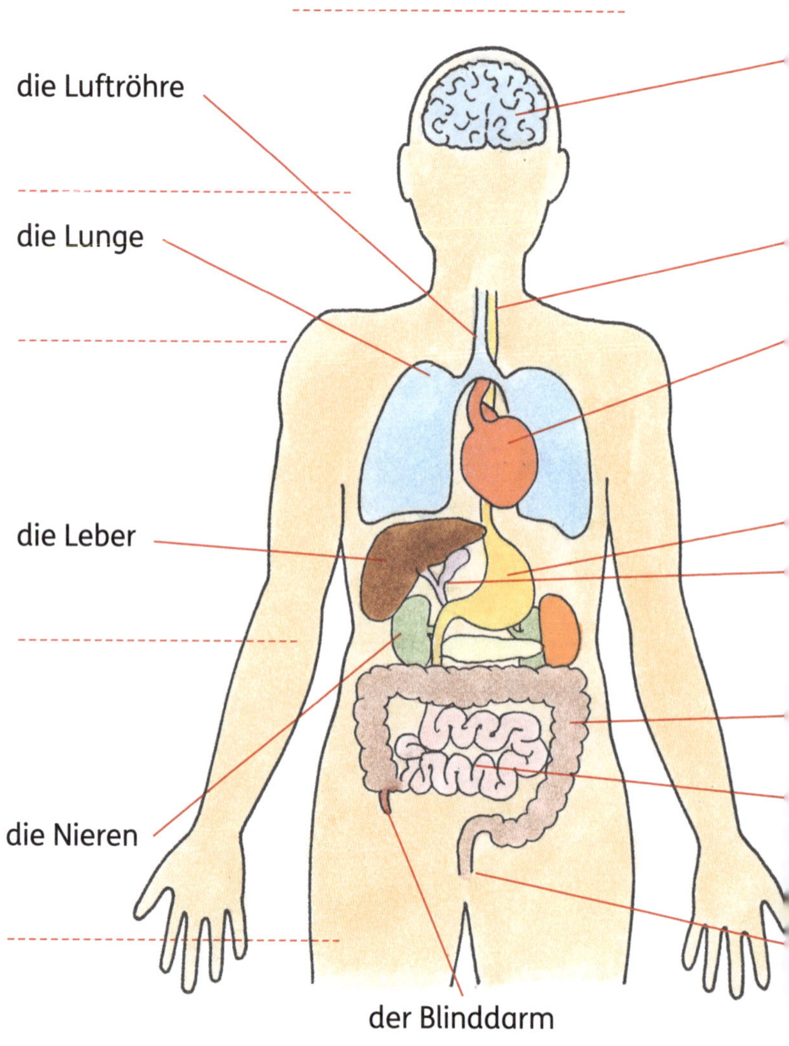
die Organe
die Luftröhre
die Lunge
die Leber
die Nieren
der Blinddarm

das Gehirn

die Speiseröhre

das Herz

der Magen

die Gallenblase

der Dickdarm

der Dünndarm

der Enddarm

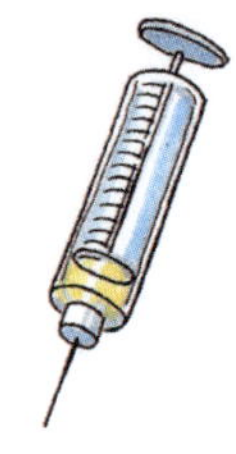

die Spritze

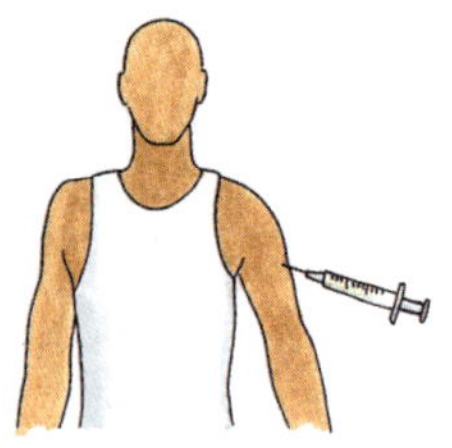

impfen

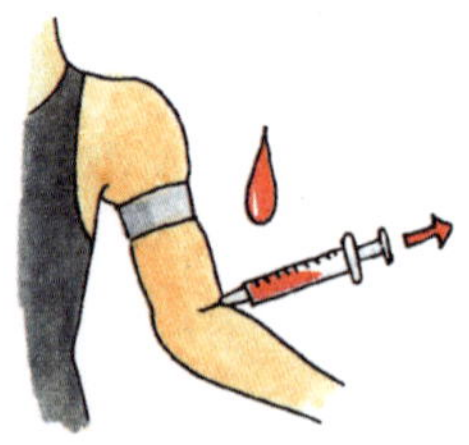

Blut abnehmen

Aids

die Verbrennung

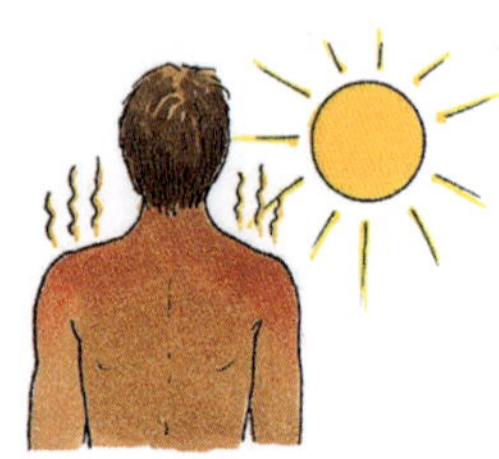

der Sonnenbrand

der Durchfall

die Verstopfung

erbrechen

der Schwindel

schwitzen

frieren

der Heuschnupfen

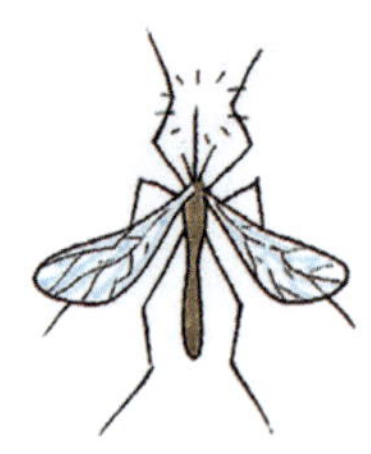

der Mückenstich

der Wespenstich

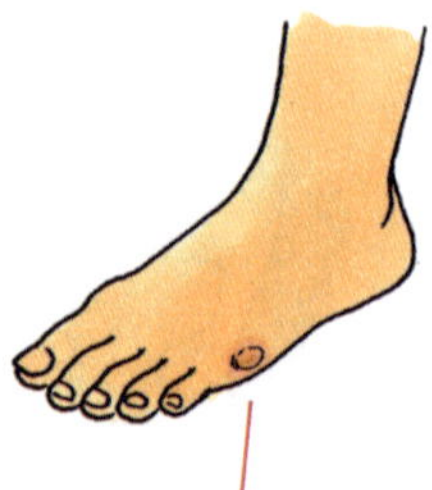

die Warze

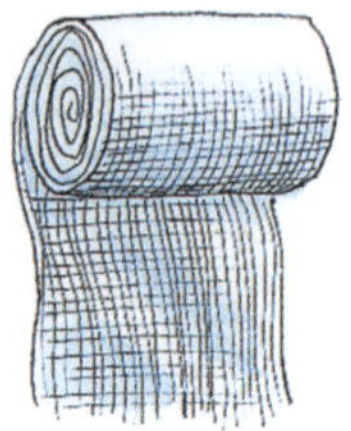

die Mullbinde

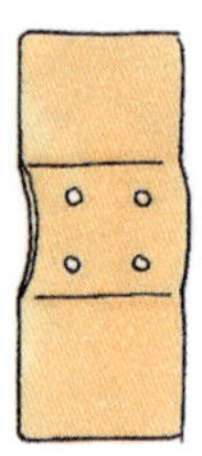

das Pflaster

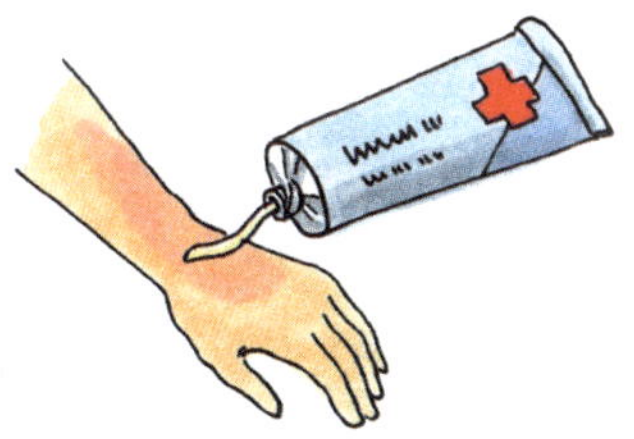

die Salbe

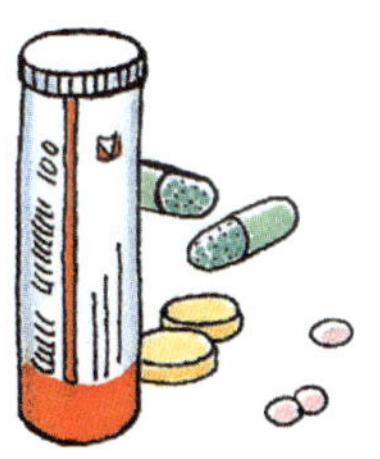

die Tabletten

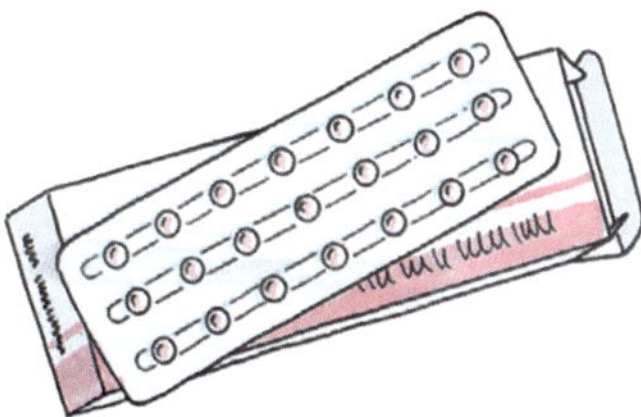

die Pille

die Tropfen

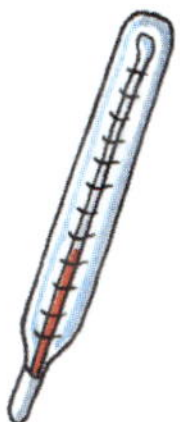

das Fieberthermometer

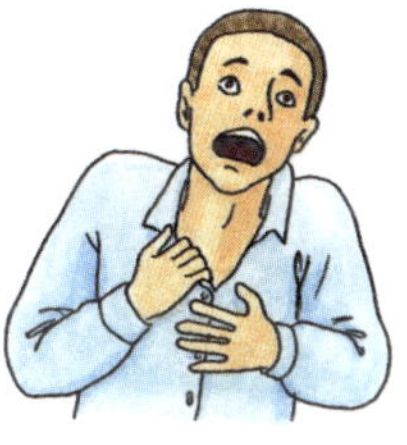

die Atemnot

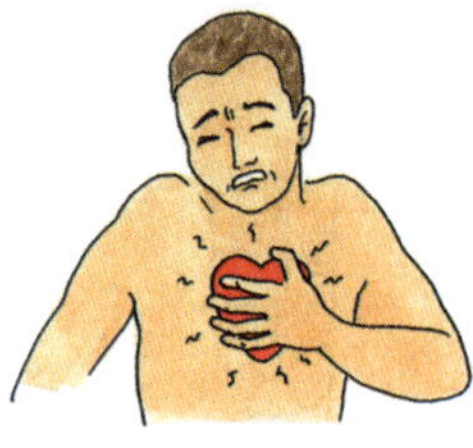

der Herzinfarkt

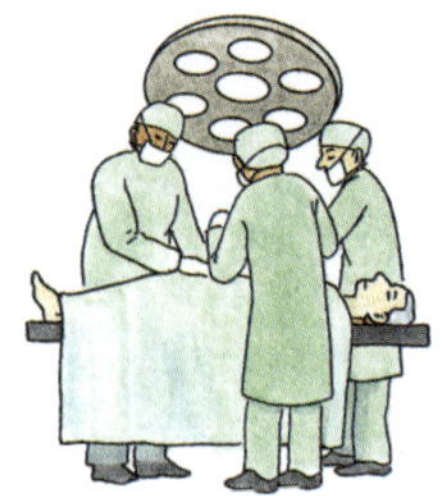

die Operation

die Krücken

der Gips

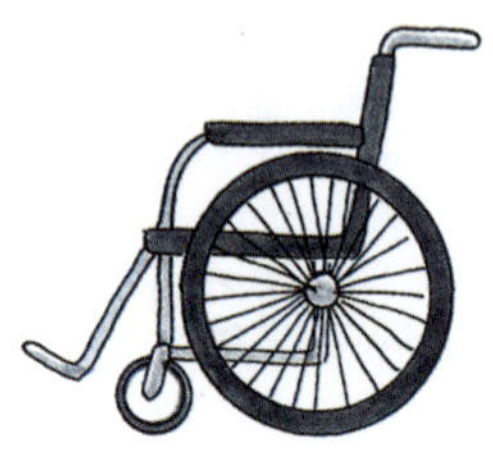

der Rollstuhl

der Arzt, die Ärztin

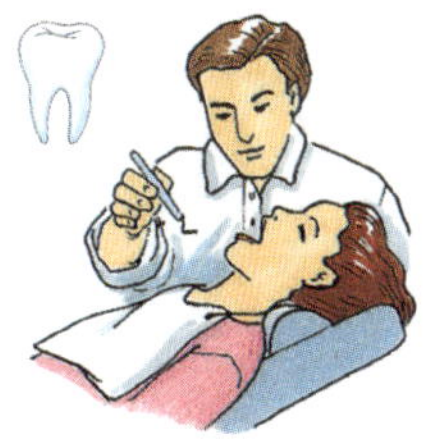

der Zahnarzt

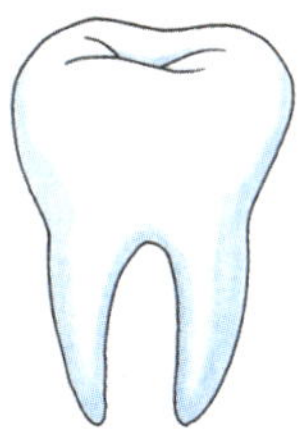

der Zahn

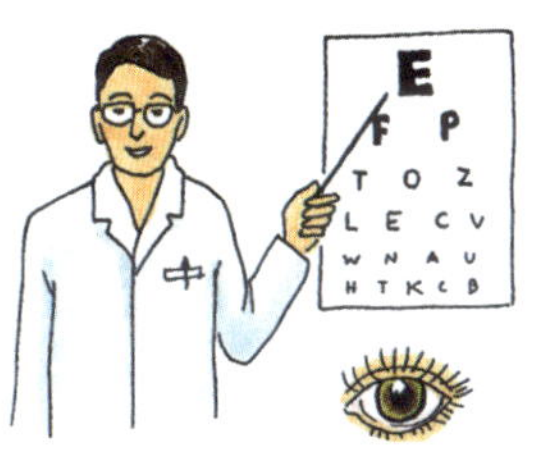

der Augenarzt

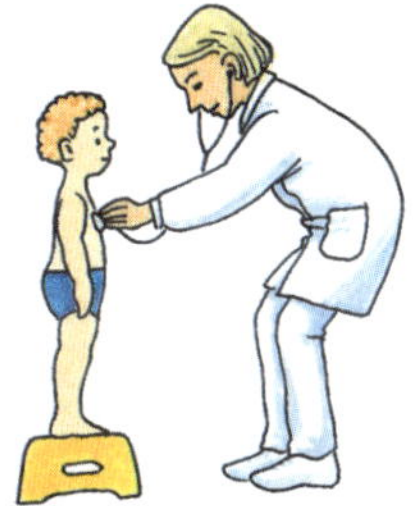

die Kinderärztin

der Psychologe

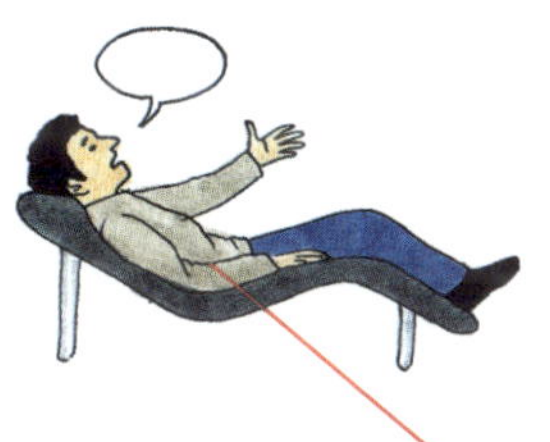

der Patient

die Feuerwehr

der Feuerlöscher

der Krankenwagen

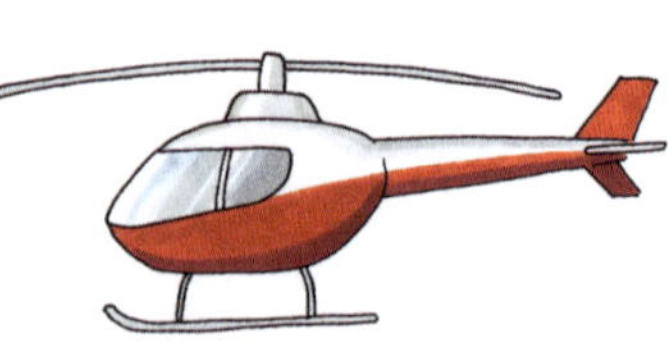

der Hubschrauber

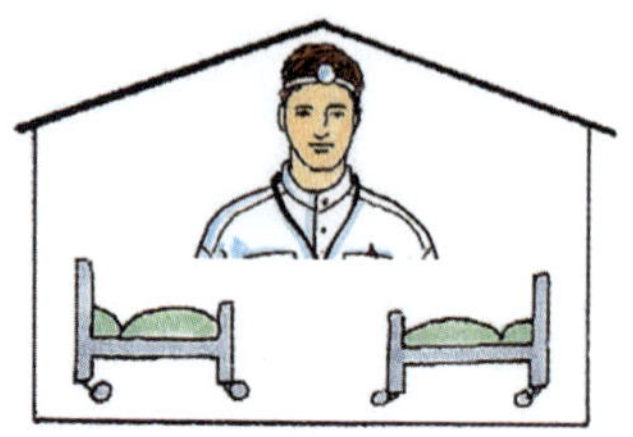

das Krankenhaus

schwanger

das Baby

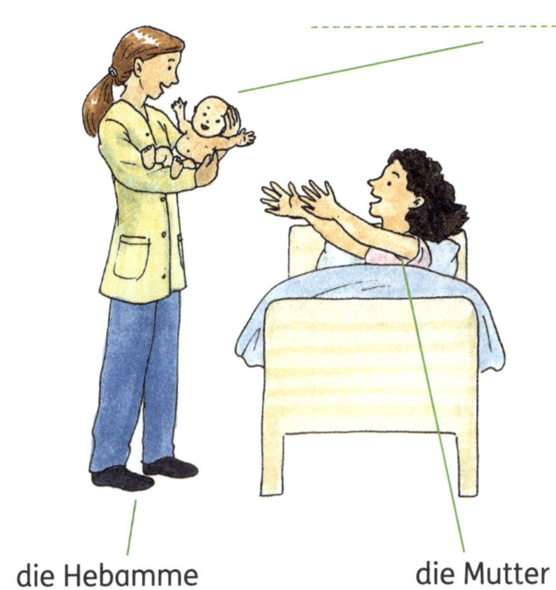

die Hebamme

die Mutter

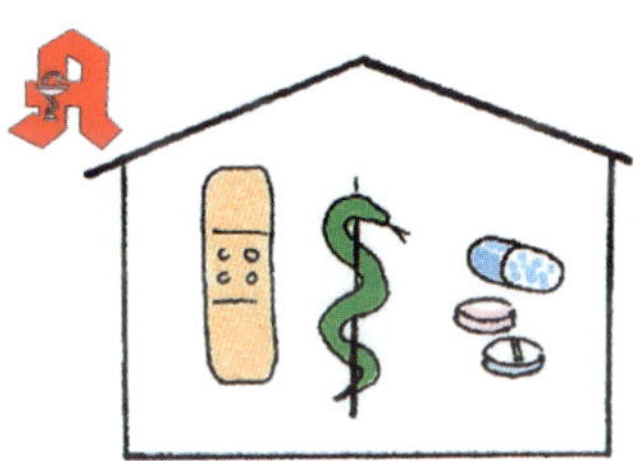

die Apotheke

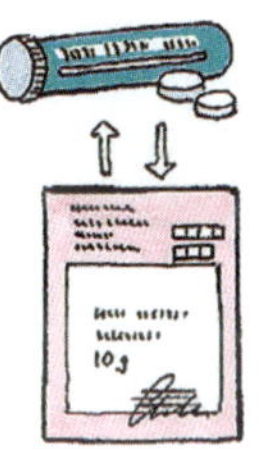

das Rezept

15 Notfälle und Behörden

die Wärmflasche

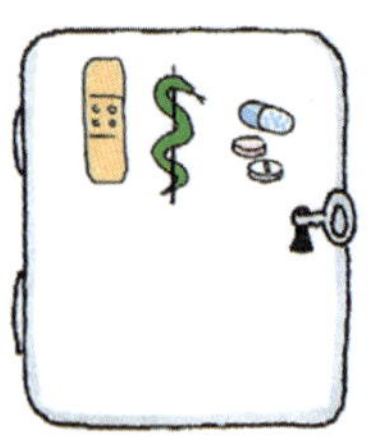

die Hausapotheke

die Polizei

der Autounfall

der Raubüberfall

der Diebstahl

der Anwalt

die Ausländerbehörde

das Formular

der Stempel

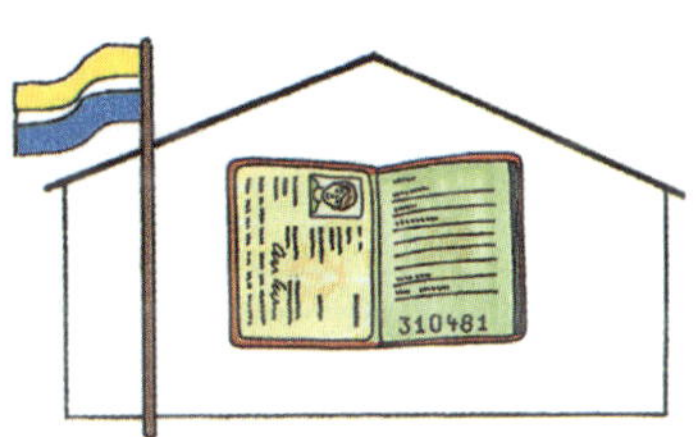

das Konsulat

16 Kommunikation

das Handy

der Empfang

der volle Akku

der leere Akku

das Ladekabel

die SIM-Karte

Skype®

das Telefon

das öffentliche Telefon

das Internetcafé

der/das Laptop

das WLAN

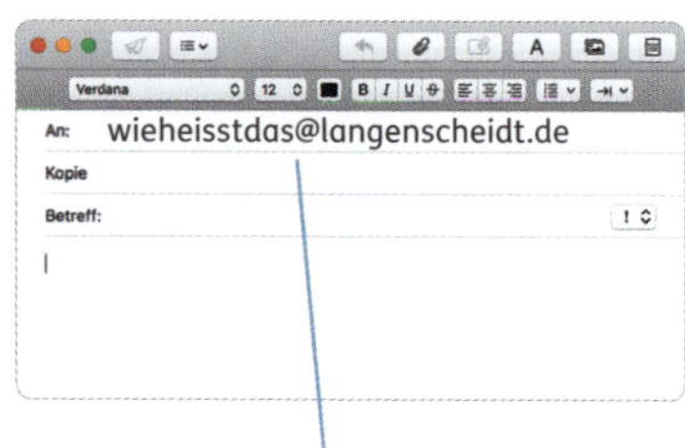

die E-Mail-Adresse

die CD-ROM

der USB-Stick

das USB-Kabel

die Post

der Briefkasten

der Brief

der Briefumschlag

die Briefmarke

das Papier

die Postkarte

das Paket

die Kirche

die Moschee

der Tempel

die Synagoge

christlich

muslimisch

hinduistisch

buddhistisch

jüdisch

orthodox

die Bibel

der Koran

fasten

der Ramadan

der Gebetsteppich

das Meer

surfen

das Motorboot

der Strand

die Sonnencreme

das Mückenspray

der Sonnenschirm

der Sonnenhut

die Sonnenbrille

die Wüste

das Frisbee®

der See

der Fluss

das Kanu

angeln

das Schlauchboot

der Rettungsring

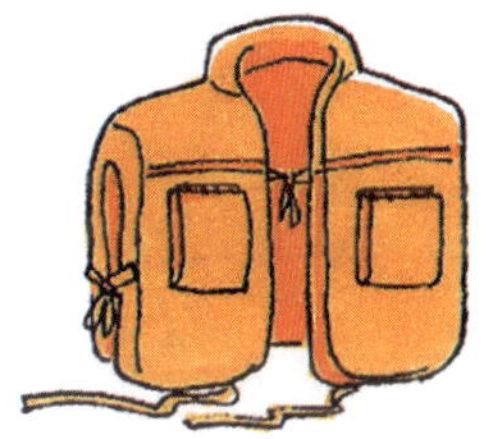

die Schwimmweste

das Picknick

die Burg

die Berge

die Seilbahn

wandern

klettern

mountainbiken

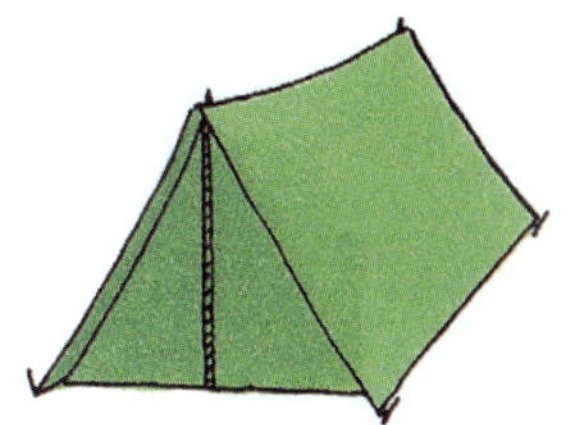

das Zelt

der Schlafsack

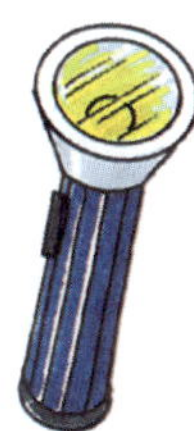

die Taschenlampe

Ski fahren

Schlitten fahren

der Baum

der Wald

reiten

das Schwimmbad

der Nichtschwimmer

der Schwimmer

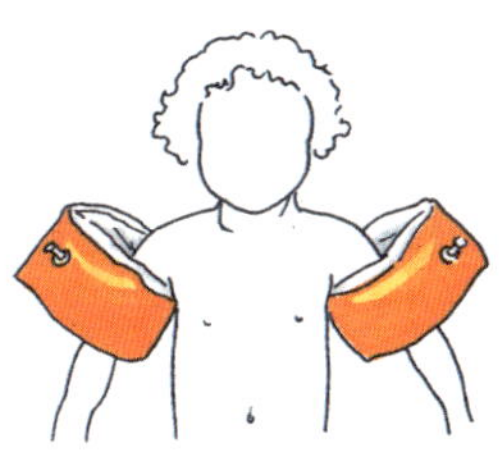

die Schwimmflügel

die Sporttasche

das Yoga

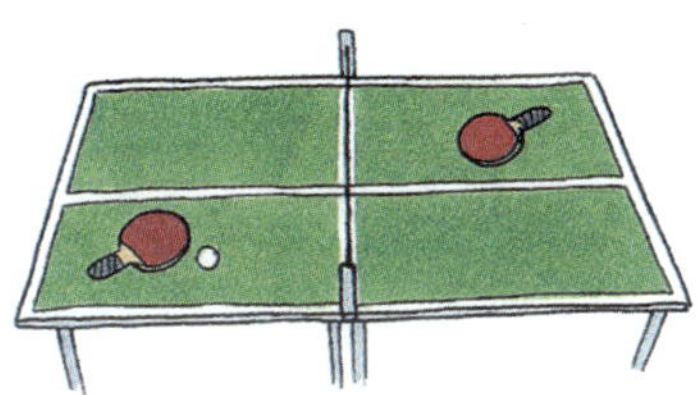

Tischtennis spielen

Tennis spielen

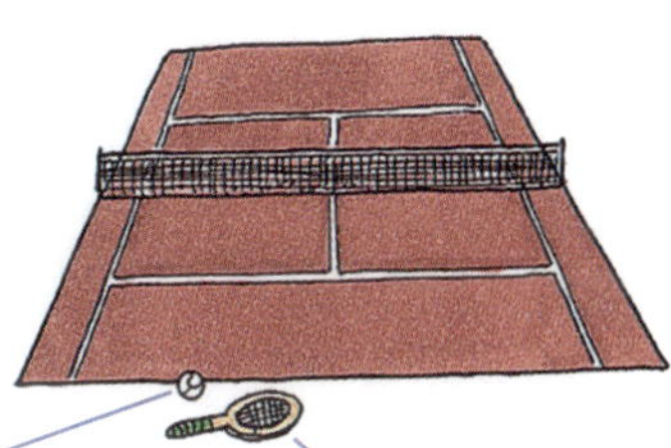

der Tennisball

der Tennisschläger

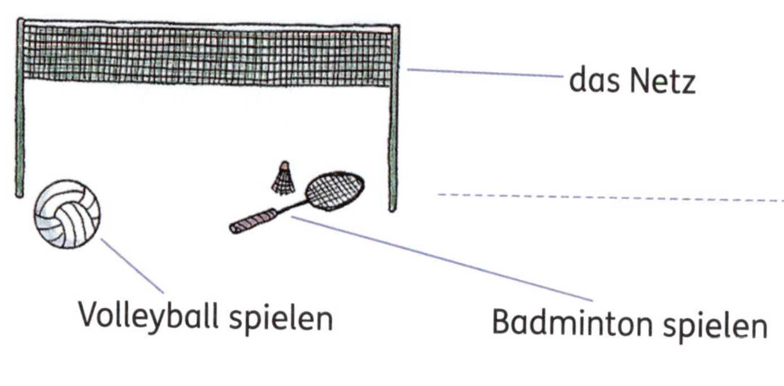

Basketball spielen

der Fußball

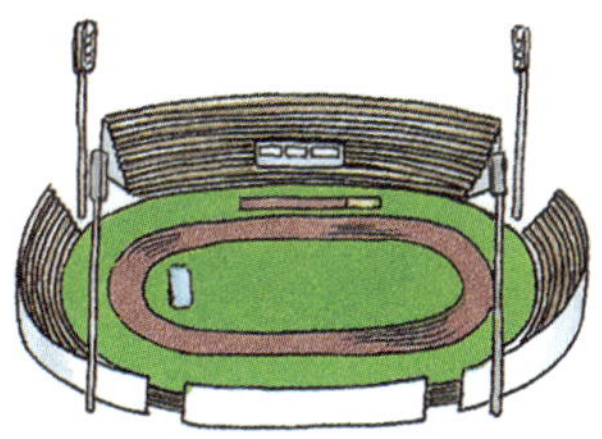

das Stadion

Boule spielen

Billard spielen

Kicker spielen

Schach spielen

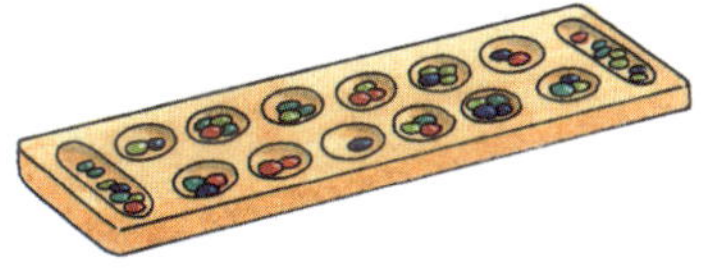

Mancala spielen

18 Sport und Freizeit

Memory® spielen

seilspringen

der Spielplatz

die Schaukel

die Rutsche

der Sandkasten

Verstecken spielen

das Konzert

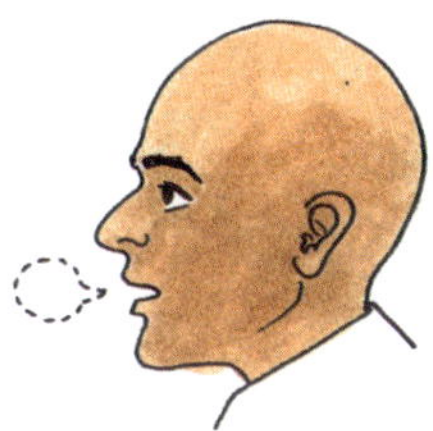

leise

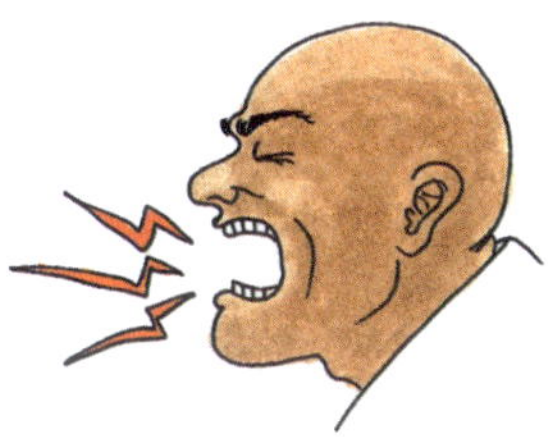

laut

der Chor

die Geige

die Flöte

die Trommel

das Klavier

die Gitarre

der Zoo

das Museum

das Theater

das Kino

die Disko

tanzen

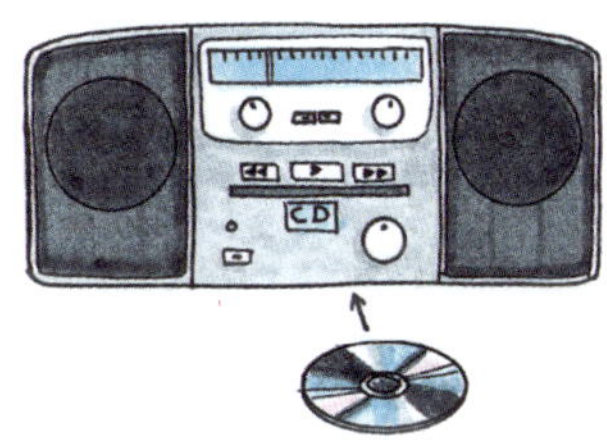

der CD-Player

das Radio

der MP3-Player

der Fotoapparat

das Foto

die Videokamera

die Zeitung

die Zeitschrift

die Speicherkarte

das Ladegerät

der Akku

die Batterien

das Restaurant

die Speisekarte

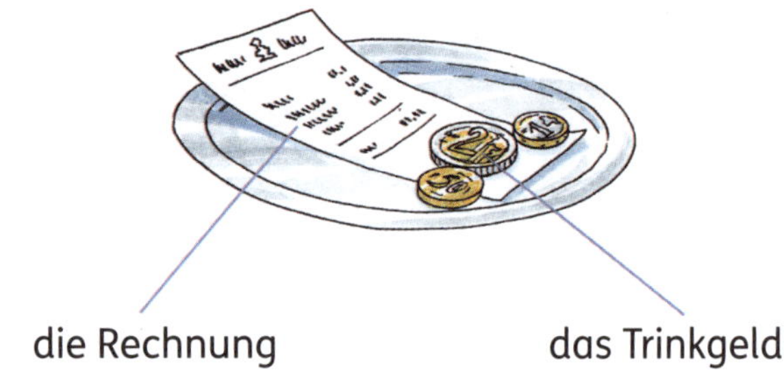

die Rechnung

das Trinkgeld

das Café

die Bar

die Wasserpfeife

die Zigarette

die Zigarre

der Tabak

das Streichholz

das Feuerzeug

die Erzieherin

der Kindergarten

die Kinder

das Kind

die Schule

das Klassenzimmer

der Unterricht

der Lehrer

das Mädchen

der Junge

die Uhr

die Pause

essen

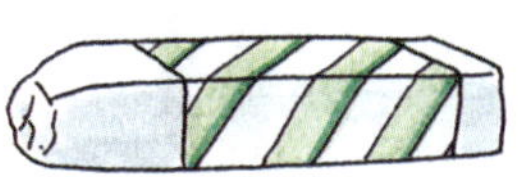

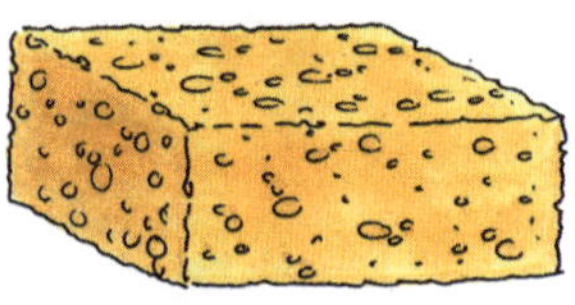

die Kreide

der Schwamm

der Schulranzen

das Heft

das Buch

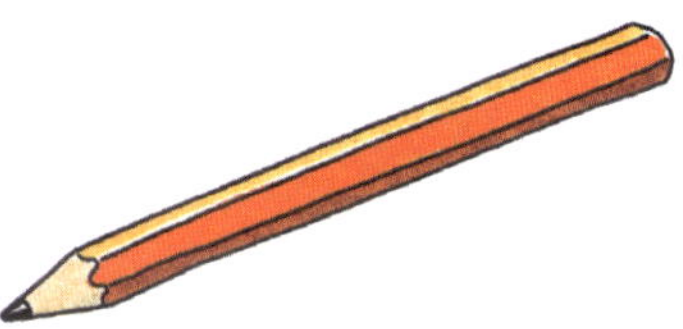

der Bleistift

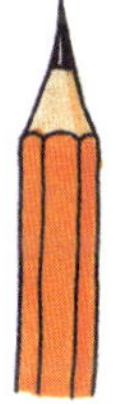

spitz/stumpf

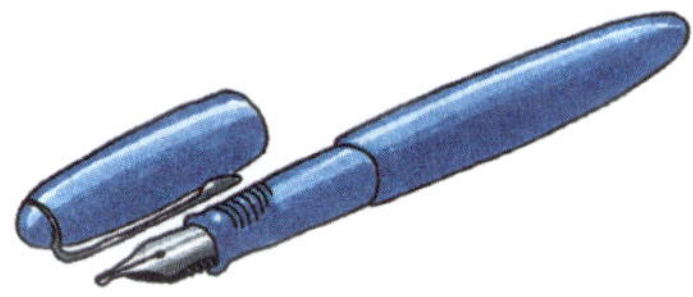

der Füller

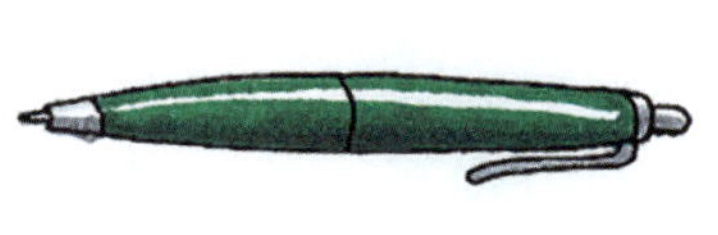

der Kugelschreiber

die Buntstifte

die Wasserfarben

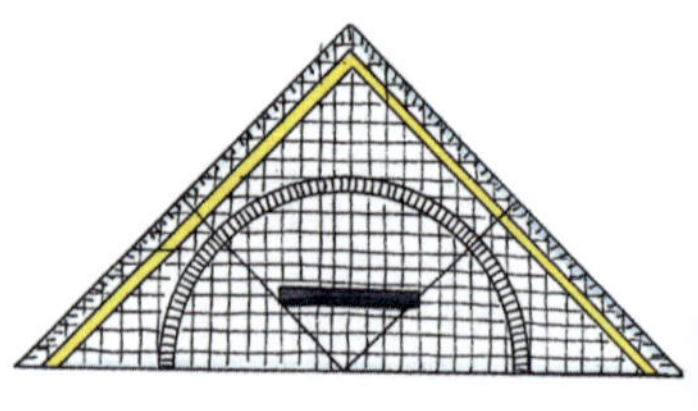

das Geodreieck

das Lineal

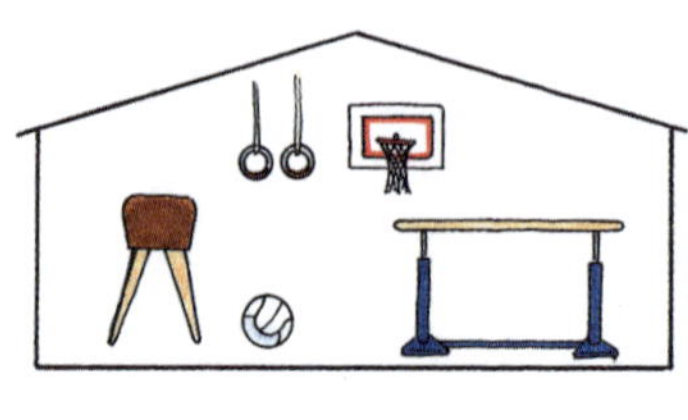

die Turnhalle

die Sportkleidung

der Turnbeutel

das Sportshirt

die Sportschuhe

die Sporthose

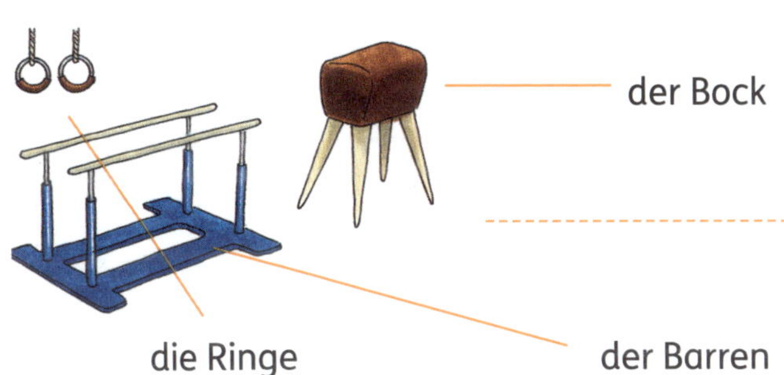

der Bock

die Ringe

der Barren

die Trinkflasche

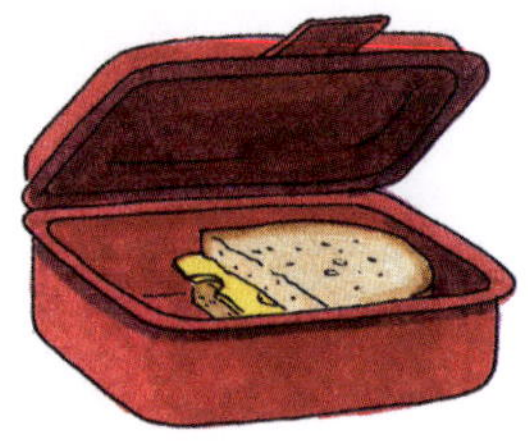

die Brotdose

die Nachhilfe

der Schüler

erklären

der Pausenhof

das Zeugnis

der Sprachkurs

die Tafel

sprechen

die Lehrerin

der Berufsabschluss

der Studienabschluss

der Mechaniker

der Abschleppwagen

die Autowerkstatt

die Ölkanne

die Autobatterie

der Reifendruck

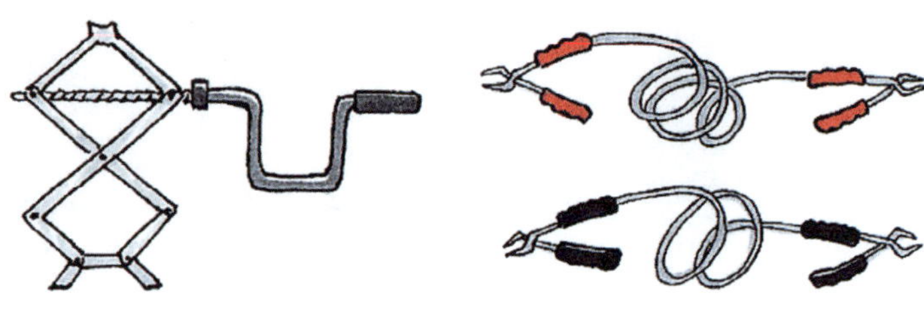

der Wagenheber

das Überbrückungskabel

die Reinigungskraft

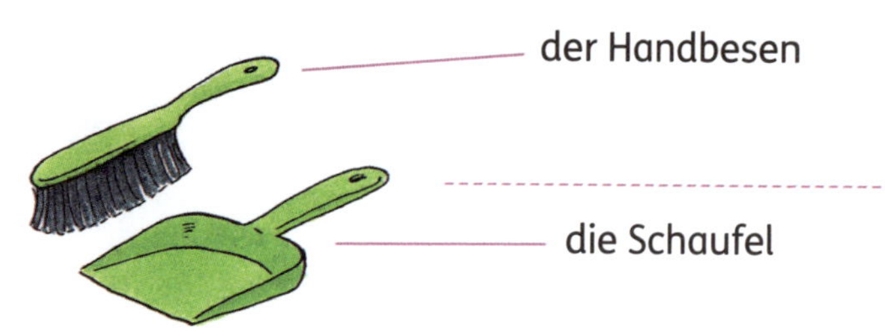

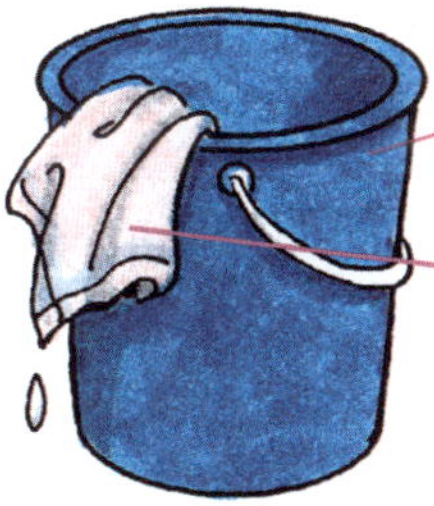

der Eimer

der Lappen

der Wischmopp

der Besen

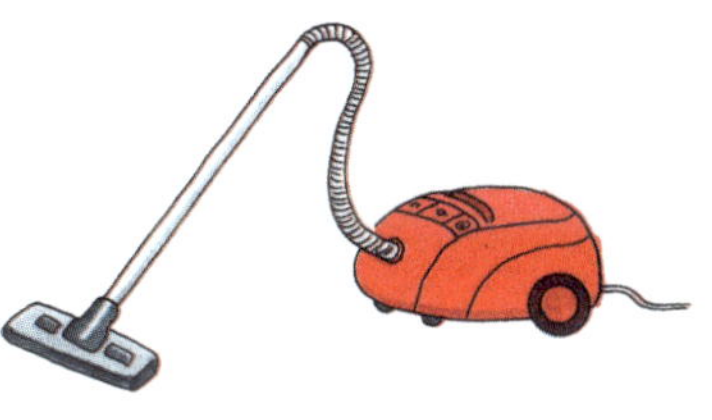

der Schwamm

der Staubsauger

20 Arbeit und Beruf

der Kellner

die Kellnerin

der Koch

die Köchin

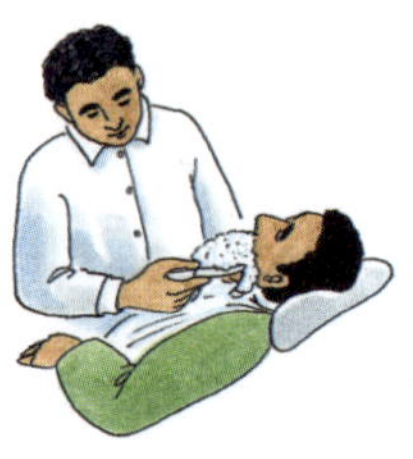

der Barbier

der Friseur

die Friseurin

die kurzen Haare

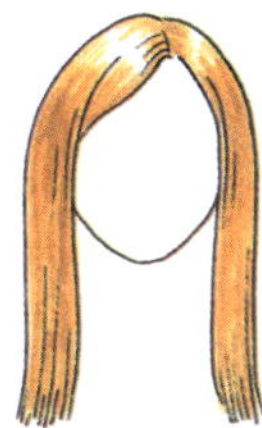

die langen Haare

die Locken

der Zopf

der Pferdeschwanz

20 Arbeit und Beruf

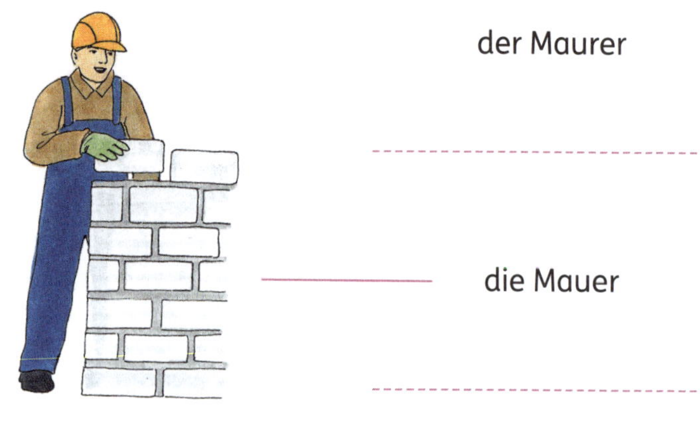

der Maurer

die Mauer

der Stoff

die Nähmaschine

der Schneider

die Schneiderin

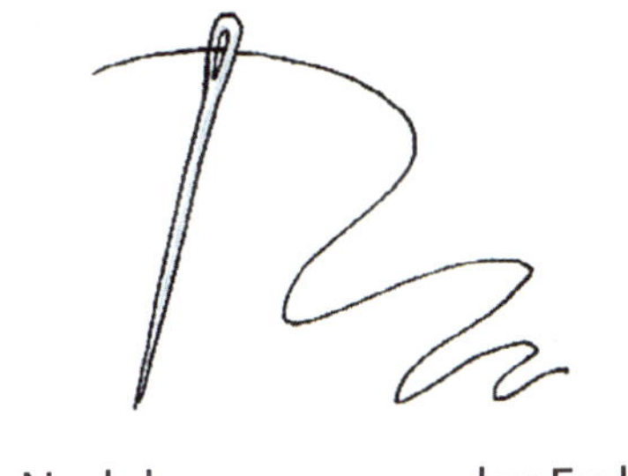

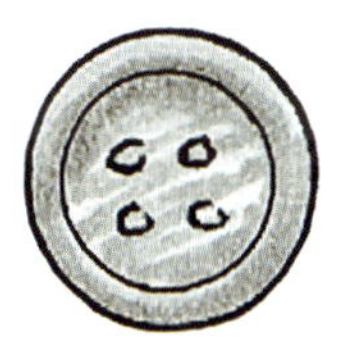

die Nadel

der Faden

der Knopf

die Sicherheitsnadel

die Schere

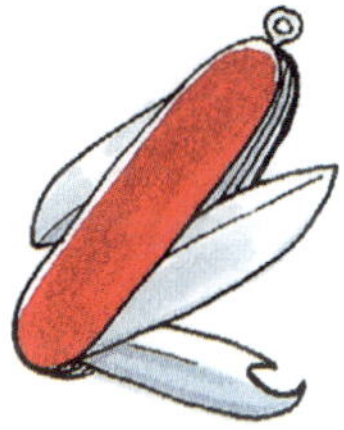

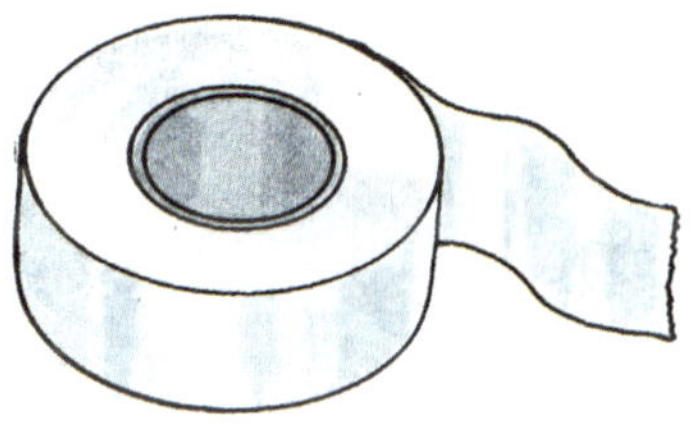

das Taschenmesser

das Klebeband

der Maler

die Farbe

der Pinsel

die Leiter

der Hammer

der Schreiner

das Holz

die Säge

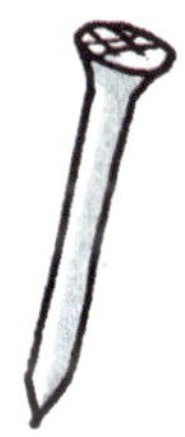

der Nagel

die Zange

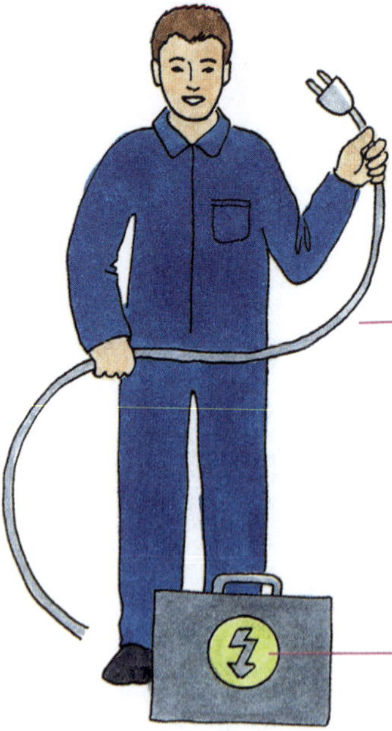

der Elektriker

das Kabel

der Strom

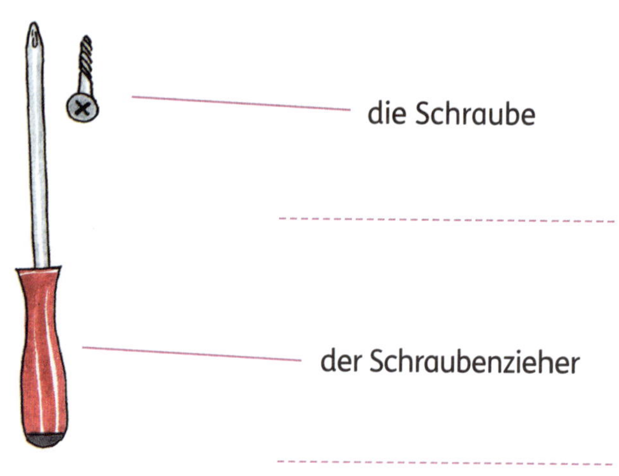

die Schraube

der Schraubenzieher

der Helm

die Schaufel

der Bauarbeiter

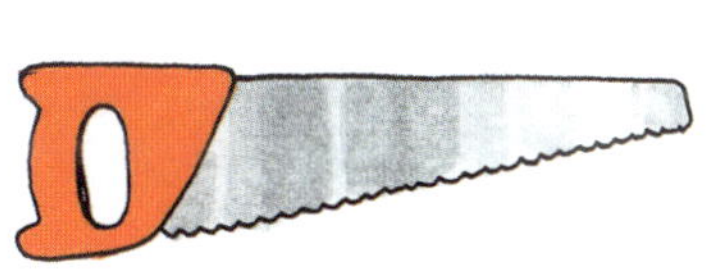

die Säge

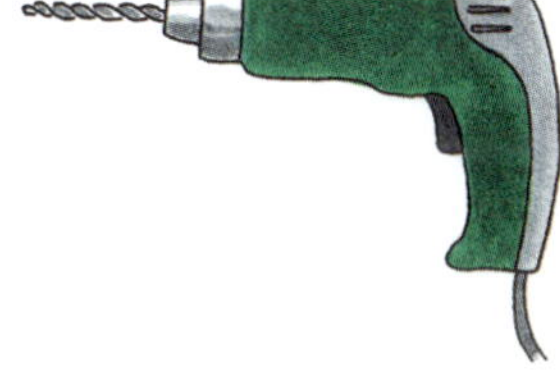

die Bohrmaschine

der Arzt

die Ärztin

die Infusion

der Patient

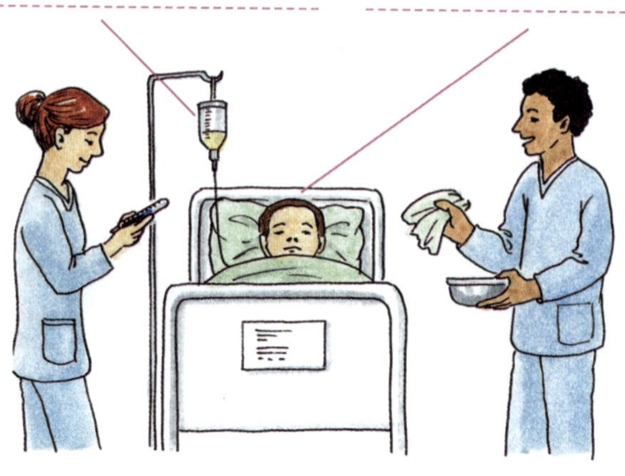

die Krankenschwester

der Krankenpfleger

das Büro

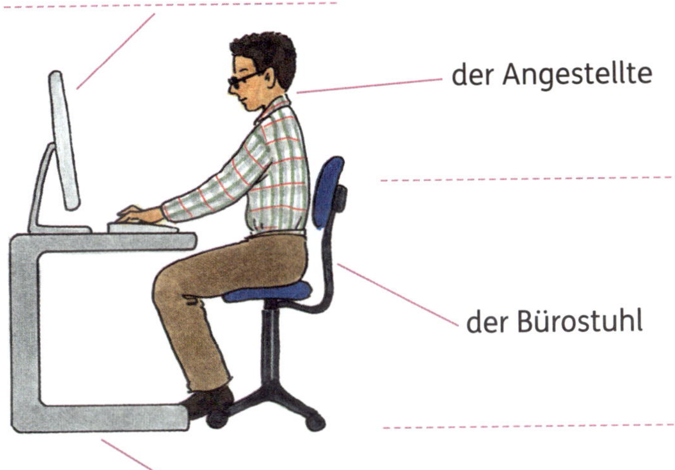

die Agentur für Arbeit

der Regen

der Schnee

der Hagel

die Sonne

das Gewitter

der Wind

Es ist warm.

Es ist kalt.

schwitzen

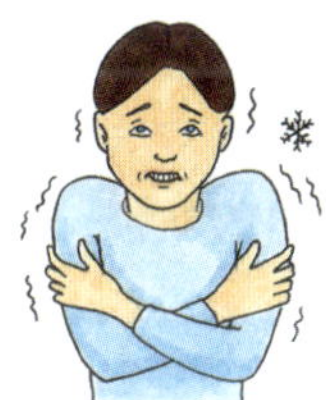

frieren

Viertel nach zwölf

halb eins

Viertel vor eins

ein Uhr

die Uhr

rund um die Uhr

morgens

mittags

abends

nachts

23 Zahlen

1	2	3
eins	zwei	drei
4	5	6
vier	fünf	sechs
7	8	9
sieben	acht	neun

10

zehn

11

elf

12

zwölf

13

dreizehn

14

vierzehn

15

fünfzehn

16	17
sechzehn	siebzehn
18	19
achtzehn	neunzehn
20	30
zwanzig	dreißig

40

vierzig

50

fünfzig

60

sechzig

70

siebzig

80

achtzig

90

neunzig

100

hundert

1000

tausend

10 000

zehntausend

100 000

hunderttausend

1 000 000

eine Million

Dänemark
Ostsee
Nordsee
Sylt
Flensburg
Fehmarn
Rügen
Kiel
Helgoland
(zu Schleswig-Holstein)
Schleswig-Holstein
Rostock
Mecklenburg-Vorpommern
Bremerhaven
(zu Bremen)
Hamburg
Schwerin
Stettin
(Szczecin)
Hamburg
Groningen
Bremen
Bremen
Oldenburg
Niederlande
Brandenburg
Polen
Niedersachsen
Zwolle
Berlin
Potsdam
Berlin
Hannover
Osnabrück
Braunschweig
Sachsen-
Münster
Magdeburg
Anhalt
Nordrhein-
Deutschland
Cottbus
Essen
Dortmund
Duisburg
Westfalen
Halle
Leipzig
Düsseldorf
Kassel
Dresden
Erfurt
Jena
Chemnitz
Köln
Hessen
Thüringen
Sachsen
Gießen
elgien
Prag
(Praha)
Wiesbaden
Frankfurt
Eger (Cheb)
Rheinland-
Pfalz
Tschechische
Luxemburg
Trier
Mainz
Darmstadt
Würzburg
Bayreuth
Pilsen (Plzeň)
Luxemburg
Republik
Saarland
Saarbrücken
Nürnberg
Metz
Bayern
Karlsruhe
Budweis
(České Budějovice)
Baden-
Regensburg
Frankreich
Stuttgart
Straßburg
(Strasbourg)
Tübingen
Augsburg
Epinal
Württemberg
Linz
Freiburg
München
Colmar
Salzburg
Bodensee
Belfort
Basel
Zürich
Bregenz
Schweiz
Vaduz
Liechtenstein
Innsbruck
Österreich
Maßstab 1 : 5 500 000
50
100
150
km
Italien

Reykjavík
Island
Europäisches
Nordmeer
Färöer
(Dän.)
Norwegen
Atlantischer
Ozean
Orkney-
Inseln
Shetland-
Inseln
Oslo
Stockholm
Nordirland
Nordsee
Irland
Dublin
Vereinigtes
Königreich
Großbritannien
Dänemark
Kopenhagen
Nieder-
lande
London
Amsterdam
Berlin
Kanalinseln
(G.-B.)
Der Kanal
Brüssel
Belgien
Deutschland
Paris
Luxemburg
Lux.
Prag
Tschechische
Republik
EUROPA
Bern
Liechtenstein
Vaduz
Wien
Schweiz
Österreich
Frankreich
Slowenien
Ljubljana
Portugal
Zagreb
Kroatien
Bosnien u.
Herzegowina
Sarajevo
Monaco
San
Marino
Andorra
Madrid
Lissabon
Korsika
Italien
Montenegro
Podgorica
Spanien
Rom
Vatikanstadt
Adriatisches Meer
Sardinien
Balearen
Gibraltar
(G.-B.)
Ceuta
(Spanien)
Tyrrhenisches
Meer
Rabat
Algier
Melilla
(Spanien)
Sizilien
Ionische
Meer
Tunis
Tunesien
Marokko
Algerien
Valletta
Malta
© westermann

Barentssee
Maßstab 1 : 24 000 000
0 200 400 600 km
Finnland
Helsinki
Russland
Tallinn
Estland
Riga
Lettland
Moskau
Litauen
Vilnius
Minsk
Weißrussland (Belarus)
Kasachstan
Usbekistan
Kiew
Ukraine
Moldau
Kischinau
Kaspisches Meer
Rumänien
Krim (von Russland kontrolliert)
Turkmenistan
Bukarest
Tiflis
Georgien
Baku
Schwarzes Meer
Aserbaidschan
Armenien
Jerewan
Bulgarien
Sofia
Mazedonien
Ankara
Teheran
Türkei
Ägäisches Meer
Athen
Iran
Griechenland
Bagdad
Syrien
Nikosia
Irak
Kreta
Zypern
Libanon
Damaskus
Beirut
Mittelmeer
Israel
Amman
Jordanien
Kuwait
Kuwait-Stadt

Länder und Kontinente

Maßstab 1 : 60 000 000
0 500 1000 1500 2000 km
Alaska (Bundesstaat der USA)
Alëuten
Kurilen
(von Japan beansprucht)
Pazifischer Ozean
Ulan Bator
ongolei
Nordkorea
Pjöngjang
Seoul
Südkorea
Peking
Tokio
Japan
Marcus-I. (Jap.)
Bonin-In. (Jap.)
Vulkan-In.
Nansei-In. (Jap.)
Nördliche Marianen (USA)
China
Taipeh
Taiwan
Guam (USA)
Mikronesien
Hanoi
Laos
Vientiane
yanmar
yidaw
Philippinen
Manila
Melekoek
Palau
Thailand
Vietnam
Bangkok
Kambodscha
Phnom Penh
Papua-Neuguinea
damanen (Ind.)
Nikobaren (Ind.)
Bandar Seri Begawan
Brunei
Malaysia
Port Moresby
Kuala Lumpur
Singapur
Indonesien
Timor-Leste
Dili
Jakarta
Australien
© westermann

Europäisches Nordmeer
Island
Färöer (Dän.)
Norwegen
Schweden
Finnland
Russland
Vereintes Königreich Großbritannien
Nordirland
Irland
Dänemark
Estland
Lettland
Litauen
Weiß-russland
Nieder-lande
Deutsch-land
Polen
Belgien
Tsch. Republik
Slowakei
Ukraine
Moldau
Kasachstan
Atlantischer Ozean
Frankreich
Schweiz
Österreich
Ungarn
Slow.
Kroatien
Rumänien
Serbien
Bulgarien
Usbeki
Georgien
Aser-baidschan
Turk-menis
Armenien
Portugal
Spanien
Italien
Albanien
Türkei
Griechen-land
Algier
Tunis
Malta
Zypern
Syrien
Madeira (Port.)
Rabat
Marokko
Tunesien
Mittelmeer
Libanon
Irak
Iran
Israel
Tripolis
Jordanien
Kanarische Inseln (Span.)
Kairo
Kuwait
El-Aaiún
Sahara (von Marokko besetzt)
Algerien
Libyen
Ägypten
Bahrain
Saudi-Arabien
Rotes Meer
AFRIKA
Mauretanien
Nouakchott
Mali
Niger
Tschad
Eritrea
Dakar
Senegal
Gambia
Banjul
Bamako
Niamey
Asmara
Jemen
Khartum
Sudan
Bissau
Guinea-Bissau
Guinea
Ouagadougou
Burkina Faso
N'Djamena
Dschibuti
Dschibuti
Benin
Nigeria
Addis Abeba
Somalia
Kindia
Sierra Leone
Freetown
Yamous-soukro
Togo
Abuja
Zentral-afrikanische Republik
Südsudan
Äthiopien
Ghana
Porto Novo
Monrovia
Liberia
Accra
Lomé
Kamerun
Bangui
Juba
Côte d'Ivoire
Malabo
Jaunde
Äquatorialguinea
Uganda
Kampala
Mogadisch
São Tomé
São Tomé u. Príncipe
Libreville
Gabun
Kongo
D. R. Kongo
Kenia
Ruanda
Kigali
Nairobi
Brazzaville
Burundi
Bujumbura
Kinshasa
Indischer Ozean
Cabinda (zu Angola)
Dodoma
Tansania
Ascension (G.-B.)
Luanda
Seyche
Komoren
Moroni
Malawi
Angola
Lilongwe
Mayotte (Fr.)
Sambia
St. Helena (G.-B.)
Lusaka
Harare
Simbabwe
Mosambik
Antananarivo
Namibia
Atlantischer Ozean
Botsuana
Windhuk
Gaborone
Pretoria
Maputo
Mbabane
Swasiland
Madagaskar
Maßstab 1 : 68 000 000
0 500 1000 1500 2000 km
Maseru
Lesotho
Südafrika
Kapstadt
© westerma

A

B

G

H

M

N

O

P

T

U

V

W

Z